篮球技战术

训练方案设计与方法探索

王益权／著

SPM 南方传媒 | 广东人民出版社
·广州·

图书在版编目（CIP）数据

篮球技战术训练方案设计与方法探索 / 王益权著 .
— 广州：广东人民出版社，2021.12
ISBN 978-7-218-15506-7

Ⅰ. ①篮… Ⅱ. ①王… Ⅲ. ①篮球运动－运动技术②篮球运动－运动训练 Ⅳ. ① G841

中国版本图书馆 CIP 数据核字（2021）第 257348 号

LANQIU JIZHANSHU XUNLIAN FANGAN SHEJI YU FANGFA TANSUO
篮球技战术训练方案设计与方法探索
王益权　著

出 版 人：肖风华

责任编辑：李力夫
责任技编：吴彦斌　周星奎
装帧设计：马静静

出版发行：广东人民出版社
地　　址：广州市大沙头四马路 10 号（邮政编码：510102）
电　　话：（020）85716809（总编室）
传　　真：（020）85716872
网　　址：http://www.gdpph.com
印　　刷：北京亚吉飞数码科技有限公司
开　　本：710mm×1000mm　1/16
印　　张：12.5　　**字　　数**：210 千
版　　次：2022 年 6 月第 1 版
印　　次：2022 年 6 月第 1 次印刷
定　　价：63.00 元

售书热线：020-87716172

前 言

现代竞技篮球运动的发展呈现出攻守兼顾、高度与速度紧密结合、高强度与强对抗、全面准确、积极快速、战术灵活多变等新的趋势。在新的发展趋向下，运动员的体能、心理、智慧与技术、战术高度统一。世界高水平篮球赛事中充分体现了高体能、高智慧、高强度、高技巧和高比分的特点。我国篮球运动水平与世界篮球强国相比而言还有很大的差距，主要表现为基本功不够扎实，技术动作规范程度较低，在激烈对抗中技术动作易变形、失误多、成功率低；运动员战术意识较差，战术变化少，配合程度低，总体来说个人及整体攻守能力都不够强。这些充分反映出我国的技战术训练存在很大的问题。篮球技战术训练水平的提高有赖于科学训练理论的指导和实践训练方法手段的设计与创新，因此我们的当务之急是构建科学的篮球技战术训练理论体系，从实际出发制订技战术训练方案，设计科学、实用、创新的技战术训练方法与手段，从而提高技战术训练水平，提高篮球运动员的技战术能力和比赛能力，最终推动我国竞技篮球运动的发展。基于此，作者在查阅大量相关著作文献的基础上，精心撰写了本书。

本书共有 7 章内容，第一章阐述篮球技战术基础知识，分析其发展情况，从而了解篮球技战术的发展现状与趋势，为设计技战术训练方案提供现实依据。第二章分析篮球技战术训练的学科理论基础，包括运动生理学、运动心理学、运动训练学以及教育学。建立在多学科基础上开展篮球技战术训练，获得全面的理论支持与保障，有助于提高训练的科学性及训练效果。第三章探讨篮球技战术训练原理与方法，从而为训练实践提供科学的理论与方法指导。第四章对篮球技战术训练的科学保障展开研究，包括体能保障、营养保障、疲劳恢复、医务监督，旨在保障运动员训练的安全性，为训练的可持续开展提供安全保障。第五章与第六章重点研究篮球技术训练方法设计与篮球战术训练方法设计，结合对抗性特征提出诸多科学有效的训练方法，旨在提高篮球运动员的技战术能力。第七章着重对篮球技战术游戏训练方法展开研究，包括单项技术的游戏训练和综合能力的趣味练习，以提高技战术训练的趣味性和丰富性，使运动员在生动有趣的游戏练习中提高技战术水平。

总体而言，本书具有以下几个特征。

第一，系统性。本书首先阐述篮球技战术的基本知识与发展情况；其次系统分析篮球技战术训练的科学理论与方法；最后重点对篮球技战术训练方法展开研究。总体来看，结构完整、内容丰富、层次清晰，具有较强的系统性。

第二，实用性。本书从实用出发，详细研究篮球技术训练方法、篮球战术训练方法以及技战术游戏训练手段，旨在为篮球教练员、篮球运动员在训练中提供参考。本书在篮球技战术训练方法的研究中内容丰富，图文并茂，重点突出了在对抗中训练的重要性，具有重要的实践指导意义。

第三，创新性。篮球运动员进行篮球技战术训练，不仅要熟练掌握技战术的动作方法，更要学会在实战对抗中灵活运用技战术，将技战术的作用充分发挥出来，从而获得高分，取得胜利。因此，关于篮球技战术运用的研究非常重要。本书在篮球技战术训练方案设计的研究中，选取经典比赛案例来分析运动员的技战术运用情况，以总结经验，吸取教训，为运动员选取技战术与灵活发挥提供借鉴。此外，本书在篮球游戏训练的研究中不仅分析了单项技术的游戏训练方法，而且创造性地提出了综合能力游戏训练方法，提高了运动员在技战术结合运用方面的实践能力。

总之，本书主要对篮球技战术训练方案及方法展开研究，在阐述与分析篮球技战术科学训练理论、方法及保障的基础上重点对技战术训练方法设计以及游戏训练手段进行详细研究。希望本书能够为提高我国篮球技战术训练的科学性及训练水平做出贡献。

本书在撰写过程中参考并借鉴了很多专家、学者的研究成果，在此表示诚挚的感谢。由于作者水平有限，书中难免有不妥与疏漏之处，敬请广大读者批判指正。

作　者

2021 年 6 月

目 录

第一章　篮球技战术及相关知识阐述

篮球技战术是篮球运动的核心组成部分，现代篮球运动发展迅速，生命力旺盛，这主要源于篮球技战术的发展与创新。篮球技战术的不断发展为现代篮球突破现状、攀登高峰提供了源源不断的动力。本章主要对篮球技战术及相关知识进行阐述，先阐释篮球技战术的基本理论知识，然后分析篮球技战术的发展概况、发展趋势及创新发展，最后提出突破篮球技战术落后思维的建议。

第一节　篮球技战术概述

一、篮球技术概述

（一）篮球技术的概念

篮球技术的概念可以从以下两方面来定义。

1. 从动作方法角度的定义

篮球技术是篮球比赛中运动员为了进攻与防守所采用的专门动作方法的总称。它包括移动动作、控制支配球动作和争夺球动作，以及由这些动作各种各样的组合所组成的动作体系。

2. 从实际运用角度的定义

篮球技术是篮球运动员在比赛攻守对抗的情况下合理运用专门动作的能力。它不仅是动作模式的重复，更是运动员有意识的运动行为和操作技巧。①

（二）篮球技术的分类

按照篮球技术的动作结构，可将篮球技术分为进攻技术与防守技术两类，进攻与防守下面又分别包括移动与有球技术、移动与防有球技术，如图 1-1 所示。后来，我国篮球教材中在之前分类的基础上做了调整，如图 1-2 所示。这一分类方式在我国广受认可。

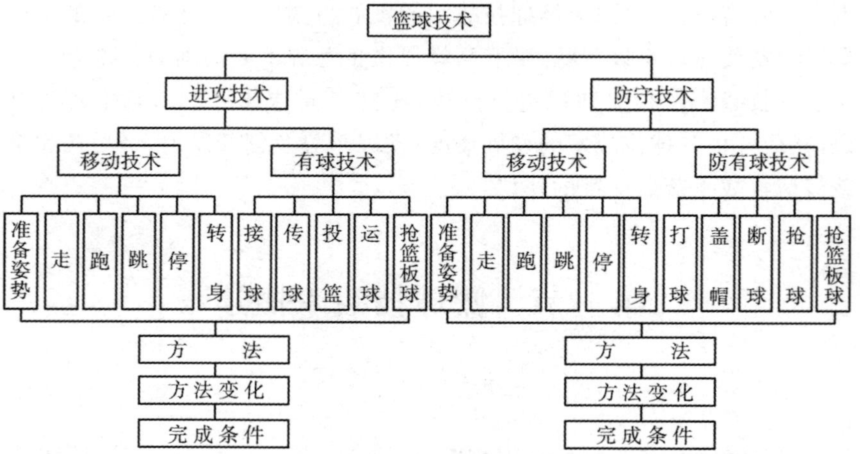

图 1-1　篮球比赛技术分类②

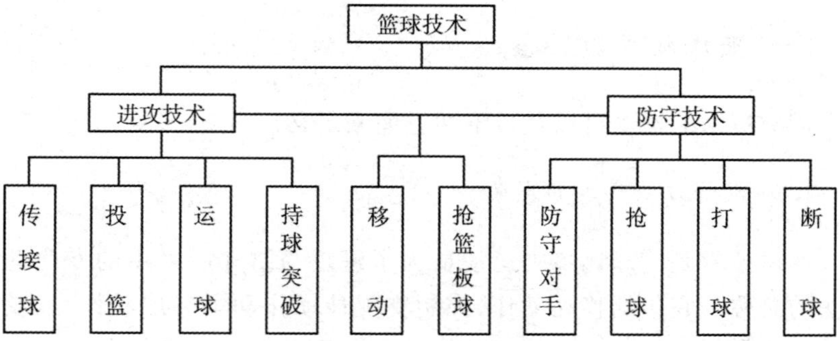

图 1-2　篮球技术动作分类③

---

① 孙民治．篮球运动高级教程[M]．北京：人民体育出版社，2000.
② 田玉军，宫华，姜亚秀．实用篮球技战术解析[M]．北京：中国商务出版社，2008.
③ 王培菊，李剑．篮球技战术教学与训练[M]．北京：北京体育大学出版社，2018.

（三）篮球技术的特点

现代篮球运动的对抗越来越强烈，打法风格越来越多，运动员的智力也越来越强，在比赛中将技术的“快、准、变”发挥得淋漓尽致，反映出篮球技术准确、快速、高效、实用的特征。下面具体分析各项篮球技术的特点。

1. 移动技术的特点

现代篮球比赛中攻守双方对球的争夺非常激烈，进攻队员和防守队员近距离争夺球的现象非常普遍，贴身技术被大量的运用员采用。所以，队员移动时受到的阻力较大，必须快速、有爆发力且灵活地完成移动，如进攻队员要在有限的空间范围内突然起动，不管是直接移动还是变换方向移动都必须快，如此才能顺利将防守队员摆脱，突破障碍。移动时步幅也应该大一些，而且全身都要协调用力。

2. 运球技术的特点

侧对防守者而进行“提拉式”运球的方式正在被很多优秀的篮球运动员所采用，这种运球方式的特点是，运动员手臂大幅度活动，手可以较长时间地接触球，用身体突破防守，转身方便，而且能将球保护好，运球方向的转化也比较灵活，将防守队员成功摆脱的概率比较大，而且可以产生良好的攻击效果。

3. 传球技术的特点

篮球运动中，运动员要隐蔽传球，将传球意图隐藏好，不能让对方察觉自己的传球方向。所以说隐蔽性是篮球传球技术最主要的特点之一。隐蔽传球又突出了这项技术的技巧性和快速性。传球技术往往要与其他技术结合起来运用，节奏紧凑，变化多端，难以预测。高质量的传球技术会给防守队员造成猝不及防的局面。

4. 突破技术

冲击力大是突破技术最为显著的特点之一，在篮球比赛中运动员在紧要关头常常不得不强行突破。进攻队员要成功突破对方的贴身防守，就必须用身体贴靠防守队员，伺机突然加速。若防守队员将突破进攻的路线封堵，则要用身体抵抗强行突破或迅速转变突破方向。

突破技术常常被身材高大的篮球运动员采用，这种身材的运动员采用突破技术的优势在于促进了进攻区域的扩大和突破技术攻击力的增强。

5. 投篮技术的特点

因为现代篮球运动中不断强调防守的重要性，所以攻守双方的抗衡也越来越激烈，常常表现出势均力敌的局面。在这种情况下，运动员基本没有什么机会可以从容不迫地投篮。激励对抗下投篮技术呈现出以下三个新特点。

第一，投篮与贴身强行突破防守密不可分，进攻队员要强行投篮，就要先用自己的身体力量将防守队员控制住。

第二，进攻队员通过假动作为自己创造机会，伺机投篮，投篮方式主要有后仰投篮、扣篮等。

第三，远投的准确性不断增加。

总之，现代投篮技术整体呈现出速度快、出手点高、方式多变等特征，这使得篮球比赛更加精彩，更具欣赏性。

6. 抢篮板球的特点

起跳早、制高点高是现代篮球比赛中抢篮板球技术所呈现出来的主要特点，运动员从球被投出去的瞬间就迅速抢位抢球，行动非常迅速，而且和之前相比，行动也提前了。原先运动员都会先观察判断，然后再抢位，占据有利位置而起跳抢球，随着现代篮球比赛速度的加快，原来的抢篮板球技术速度跟不上快速的比赛节奏，因此行动越来越提前。抢篮板球技术的变化也与篮球运动员身体素质水平不断提升有直接的关系。

此外，篮球运动员连续起跳并采用点拨球的方式而给同伴拨球也是抢篮板球技术的一个新特点。这是运动员在多名队员同时抢篮板球、场地空间狭小、直接抢球难度大的条件下采取的抢篮板球技巧。

7. 防守技术的特点

篮球防守技术主要有以下三个特征。

(1)防守队员主动抢位防守，产生很强的攻击性，从而制造机会掌握控球权。

(2)快速移动防守,防守队员身体重心较低,身体多个部位协调配合,包括手脚的配合和上体与肢体的配合。

(3)拉近距离贴身防守,用暗力较劲。

(四)篮球技术的分析

篮球技术是从长期的篮球实践中发展而来的较为理想的动作模式,这些模式经过实践检验证明了其有效性。篮球技术具有规律性、丰富性、全面性、实效性,对篮球运动的发展起到了重要的推动作用。篮球技术训练的前提是进行篮球技术分析,在篮球技术考评、革新中,技术分析也是必不可少的环节之一。进行篮球技术分析,要贯彻合理性原则、真实性原则、优化原则以及个性化原则,通过分析而整体提高篮球技术的科学性与实效性,提高篮球技术水平。

在篮球技术分析中,要先树立正确的动作概念,形成稳定的动作表象,对各项技术包含的动作环节及各环节的关系有所明确,对技术动作实施过程中在不同阶段的变化情况有所了解,先观察再对比分析,分析要有目的性、计划性,要参照标准客观分析,通过分析了解技术的优点和不足,不断完善各项技术。

篮球技术分析常常采用以下几种方法。

1. 技术观察法

在篮球技术分析中,最基本的手段就是观察,主要有以下两种观察方式。

(1)简单观察

用视觉器官观察运动员的动作,获取信息,结合自己已经建立的动作概念和运动经验而进行判断与分析,及时反馈,帮助运动员改进动作,提高动作质量。

(2)复杂观察

采用多媒体手段录制篮球技术动作的相关视频,反复播放视频,认真观看,对比不同运动员的动作和同一运动员在不同阶段的动作,了解不同运动员的技术差异,取长补短,并了解运动员在不同阶段的技术进步情况。

2. 结构分析法

在具备实验室条件、专业器材设备条件的前提下，运用运动生理学、运动解剖学、运动生物力学等相关学科原理科学而精确地分析篮球技术动作，检测与分析结果具有可靠性、准确性和科学性。但这种分析方法对科研条件的要求较高，如果没有专门人才，没有先进的设备，很难开展实验研究。

3. 统计分析法

观看篮球运动员的训练过程和比赛过程，记录运动员运用各项技术的数据，整理数据，进行定量分析。这种分析方法的优点是操作方便、可行性强、数据真实，而且有计划性。

4. 控制分析法

从运动生理学、运动心理学的相关理论来剖析篮球运动员专项技能的形成过程、技术动作特征、技术训练中的生理反应和心理反应，发现有哪些生理学因素和心理学因素给篮球运动员技术的形成与发展带来了影响，从而采取相应的生理学手段和心理学手段予以干预和控制，消除障碍，促进篮球技术发展。

上面提到的这些技术分析方法没有哪一种是十全十美的，它们各有各的优点和不足，适用范围也有差异，所以要根据分析目标而合理选用分析方法，并尽可能将不同的分析方法结合起来运用，通过综合分析而提高结论的准确性、科学性及全面性。综合分析对篮球教练员、科研工作者的专业知识与能力提出了较高的要求，因此篮球教练员和科研人员要不断提高自己的科研素养、综合素质，并多与专家交流、沟通，学习经验，从而更加全面而深入地分析篮球运动员的技术动作，从科学的角度改进运动员的技术，为提高运动员的技术水平和促进篮球技术的发展做出贡献。

二、篮球战术概述

（一）篮球战术的概念

篮球战术是篮球运动员在比赛中有意识、有组织、有策略地协同运用技术进行攻守对抗的布阵行动，是在一定的战术指导思想和战术意识支配下的集体攻守方法。①

（二）篮球战术的分类

根据篮球运动的对抗特征，通常将篮球战术分为进攻、防守与攻守转换三大系统，再根据参与战术行动的区域与人数，可将其分为个人行动、配合行动和整体行动三个层次，从而把篮球战术方法构成一个完整的系统网络。按性质、区域、人数特点和作用相似性对复杂多样的篮球战术加以归类，明确各自隶属关系，可对篮球战术体系有一个直观的了解（图 1-3）。

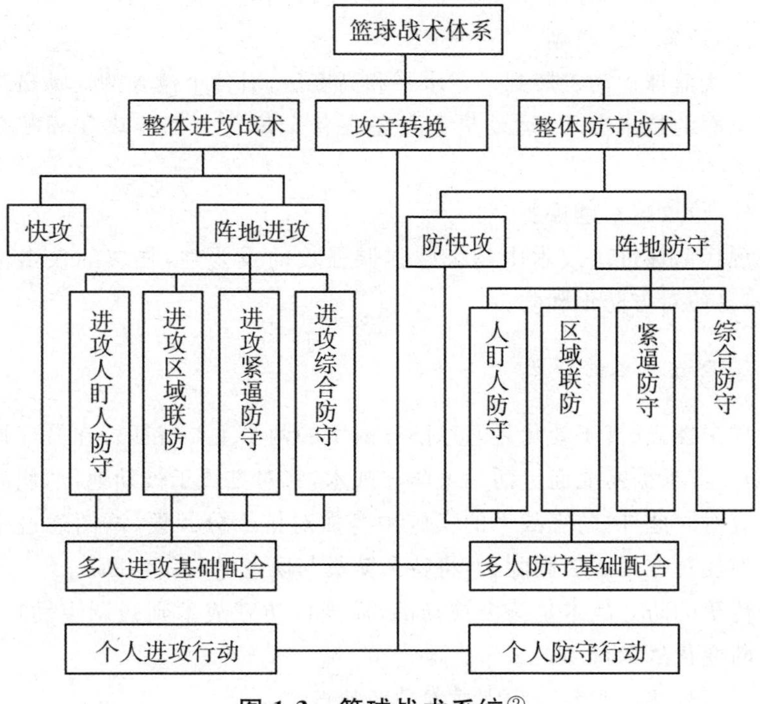

图 1-3　篮球战术系统②

① 于振峰．现代篮球战术学练设计[M]．北京：高等教育出版社，2013.
② 张亚辉，王成军，杨君伟．实用篮球教学理论与方法[M]．西安：西安地图出版社，2007.

（三）篮球战术的特点

1. 进攻战术的特点

随着篮球运动的不断发展和篮球比赛对抗性的提升，篮球进攻战术的实施越来越快，而且复杂多变，机动灵活，大范围移动进攻战术的运用非常频繁。在这一趋势下篮球进攻战术呈现出以下几个特点。

(1)战术形式简单

移动进攻战术是世界高水平篮球队在比赛中经常采用的进攻战术之一，这一战术的组织形式并不复杂，配合路线不固定，强调连续进攻和有层次的进攻，在移动进攻防守中伺机变被动为主动。

(2)位置分工模糊

现代篮球运动发展到一定水平和高度后，对各个位置的运动员都提出了全面的技术要求，运动员要具备在各个位置上都能攻守和配合的能力。

(3)抢攻越来越重要

现代篮球进攻战术中越来越强调强攻的重要性，强攻的攻击性较强，容易使对方防不胜防。

2. 防守战术的特点

攻击性强、富于变化是篮球防守战术的两个主要特征。在篮球比赛中，防守方根据需要而灵活调整防守战术，将对方置于被动地位，使对方无法应对。此外，防守战术的实施中身体对抗十分频繁，试图通过贴身压迫而使对方无法顺利配合，将持久队员与队友的联系切断。

传统的防守战术是消极被动的，而现代防守战术则强调主动攻击，并不断变化战术行动。

下面具体说明篮球防守战术的新特点。

(1)人盯人战术和联防战术往往结合起来运用，展开具有较强攻击性的防守。

(2)贴身紧逼持球队员，试图断球或创造机会让同伴断球，紧盯持球者，防止其传球或突破投篮。

(3)在远球区和近球区采取不同的战术行动,灵活部署队员,前者主要是以少防多,后者主要是以多防少。同样,强侧和弱侧的战术行动也不同,前者主动夹击,后者以少防多。

(4)组织大范围防守,既要将对内线的防守重视起来,也要防守持球队员远投。

(四)篮球战术的基础

篮球战术的基础包括以下两方面的内容。

1. 个人技术

全队整体战术的形成与实施是以每个队员所掌握的个人技术为基础的,如果运动员的个人技术较差,操作不熟练,那么很难与队友协同配合,难以实施全队的整体战术。因此在篮球战术训练中,要将个人篮球技术作为最基础的训练内容,先进行技术训练,然后向局部配合战术练习过渡,最后模拟实战进行整体战术训练。

需要注意的是,教练员要在集体战术的导向下安排运动员的个人技术训练,促进运动员个人技术质量和实效性的提升。只有个人技术不断进步、完善,整体作战质量才会提升。

2. 局部配合

篮球队整体战术既要具备良好的个人技术基础,也要具备良好的局部配合基础,而个人技术也是局部配合的基础。局部配合质量直接影响整体战术质量,所以在篮球战术训练中,局部配合训练在前,慢慢向全队战术过渡。只有经过不断训练而提高了局部战术的熟练性和完成质量,才能保证全队集体战术的顺利实施。组织局部配合训练,同样要以全队集体战术为导向,以达到通过提高局部配合质量而提高全队协同作战效率的目标。

全队战术是否合理也会影响个人技术和局部配合的发展,只有保证全队战术科学合理,才能保证个人技术的充分发挥和局部配合的有效实施。对全队战术方案的合理设计有助于充分发挥各个球员的优势和技术实力,甚至能够使个别优秀球员超长发挥技术水平,为提高比赛成绩带来积极影响;而如果战术方案不科学,脱离了实际,则会影响运动员充分发挥个人技术，影响队员之间的局部配合，最终影响比赛成绩。所以说，设计全队战术方案必须对运动员的个人技术优势、特征及不足之处予以考虑，同时还要考虑队员之间的协作配合能力。

第二节　篮球技战术发展概况

一、篮球技术发展概况

（一）篮球技术的演变与发展

篮球技术有进攻技术和防守技术两大体系，这一结构体系是在篮球技术的不断发展中逐渐形成的，最初只有少数的几种技术动作，随着学界对篮球技术研究的不断深入以及篮球实践的日趋发展，比较规范和系统的篮球技术动作体系才逐渐形成。

篮球技术早在20世纪50年代就取得了明显的进步与跨越性的发展，这一时期篮球进攻技术随着高大型运动员的增加而得到了很大程度的发展，篮球运动员开始在实战中采用跳投、持球突破等技术，此时篮下对抗场面也因中锋技术的提高而变得更加激烈，球场上呈现出以攻为主的趋势，这标志着篮球技术步入了新的发展阶段。之后，人们深刻总结并研究了篮球攻守对抗的规律，并主要从防守技术和运动员身体素质两方面而努力推动篮球技术发展，防止篮球攻守技术的不平衡发展。在防守技术得到重视后，学术研究不断增加，技术水平也不断提高，运动员在抢球、打球、断球及盖帽等方面不断取得新突破，有效抑制了重进攻轻防守的局面。①

20世纪70年代中期，"攻守平衡"理论在世界篮坛引起了强烈的反响，在该理论的影响下，篮球进攻技术与防守技术的发展不断趋于平衡。

20世纪90年代至今，世界篮球技术交流日渐频繁，为各国学习先进的篮球技术提供了重要机遇。现在，篮球技术的发展越来越科技化、

---

① 田玉军，宫华，姜亚秀．实用篮球技战术解析[M]．北京：中国商务出版社，2008.

先进化、全面化，而且取得了显著的实效。

总之，篮球技术是从低级向高级逐步发展而来的，篮球技术的演变与发展呈现出连续性、阶段性等特征，今后篮球技术将取得更大的进步，篮球技术水平将获得持续的提高。

（二）影响篮球技术发展的积极因素

篮球发展过程中，技术发展是最活跃、最积极和起到重要推动力的根本因素之一。篮球运动的每一次变革、飞跃都与技术发展密切相关，技术是篮球运动发展的原动力。篮球技术从最初几个简单的技术发展成为今天完整的技术体系，主要得益于以下几方面积极因素的推动。

1. 运动员竞技能力不断提高

运动员身高增长、身体素质发展、心理品质和智力的发展等是促进篮球技术发展和提高的基础。运动员良好的身体素质是技术运用的基础，身高是发展高空技巧的有利条件。身体素质与身高的结合，尤其是高大队员与速度和灵活性的统一，扩大了比赛中的攻守争夺空间，也增加了篮球技术运用的难度。在运动员自身竞技能力发展的基础上出现了许多高难度的新技术，如空中封盖、抢断、扣篮、后仰投篮等。

2. 篮球战术不断创新

篮球战术发展对技术提出了很高的要求。战术失去技术的支撑就无法落实，所以战术对技术的要求越来越高。篮球战术的创新激励科研人员及教练员对技术的积极研究，努力改进篮球技术及其训练方法，促进技术发展水平的提高。

3. 篮球规则不断完善

篮球规则的修改、完善对篮球技术的发展具有导向和促进作用，影响攻守技术之间平衡与不平衡的发展。篮球规则的一些具体规定在一定时间内也直接制约或推动篮球技术的发展速度。篮球规则的演变决定了篮球技术的发展方向。

4. 科研与科技的推动

篮球训练理论的更新、技术研究的不断深入以及体育科学中基础学科和边缘学科的发展为篮球技术理论和动作方法的研究提供了重要的理论依据，起到了指导和论证作用，使技术的发展与身体、战术、作风、心理和智力等紧密结合，从而推动了篮球技术向精尖化、高水平方向迅速发展。现代科技在篮球运动中的运用大大提高了篮球技术的效率和效果。

5. 篮球竞赛与交流进一步发展

篮球比赛就是进攻与防守的激烈对抗，攻守对立统一规律决定了二者之间互相依存、相互制约和互相促进的关系。篮球技术实践证明，在攻守技术结构中，进攻技术起主导作用，进攻技术的发展会促进防守技术的提高；防守技术的提高也必然刺激进攻技术的突破。现代竞技篮球职业化发展水平的提高促进了篮球竞赛技巧性、对抗性的提升，激发了有关人员对技术的深入开发，从而促进了篮球技术的发展。现代篮球运动在世界广泛开展，各种篮球竞赛不断举办，为篮球技术的交流提供了良好机会，促进了篮球技术的发展和提高。①

二、篮球战术发展概况

（一）篮球进攻战术演变与发展

篮球进攻战术的发展大致经历了以下几个时期。

1. 固定进攻战术时期（20 世纪初—20 世纪 60 年代）

在篮球运动形成初期，对战术的组织与设计就得到了重视，旨在正常发挥技术，顺利进攻，完成比赛任务。当时比赛中采用的战术是固定的，是赛前由教练员设计好的，赛前经过反复练习，运动员已经很熟练了，熟练掌握战术有助于运动员充分发挥自己的技术。早期的固定战术包括站立式固定战术、行进间固定战术等，强调队员之间的配合。之后出现了快攻战术，进攻方式也越来越多，如为了摆脱人盯人防守，出现了突破式配合战术，配合方式主要有三种，分别是传切、策应和掩护。20

① 王培菊，李剑．篮球技战术教学与训练[M]．北京：北京体育大学出版社，2018.

世纪20年代,为了应对不断变化的防守战术,"8"字进攻战术逐渐出现。

篮球规则的演变对篮球进攻战术的发展也有重要促进作用,篮球规则的重大改革能够给进攻战术带来新的发展机遇。此外,篮球技术的发展也对篮球进攻战术的发展有重大影响。随着篮球运动技术的不断发展及高大篮球运动员的不断增加,篮球进攻战术呈现出集体对抗的趋势,快攻战术及战术实施中的配合方式进一步发展,移动进攻战术的雏形也逐渐形成。

篮球运动对运动员的身高有严格的要求,篮球运动员的身高向高大型方向发展,篮球比赛的结果与运动员的高度有直接的关系。篮球界认识到高度的重要性后,教练员又对换位进攻战术进行了设计,该战术的主要特点是高度与速度相统一、威胁性强。

2. 移动进攻时期(20世纪70年代—20世纪90年代)

基于"8"字进攻战术和换位进攻战术而形成的移动进攻战术是现代篮球进攻战术的基础,该战术是在凝聚了之前各项战术的精髓的基础上发展起来的。传统篮球比赛比较死板、单一、套路固定、不够灵活,而移动进攻战术的出现使得篮球比赛中的进攻技战术更加多元化,战术的组织与实施也更加机动灵活。这为20世纪末机动进攻战术的形成与发展创造了良好的条件。这一时期,赛场上出现了精彩的远投技术,这一技术的出现使移动进攻战术的实施范围进一步扩大,而且运动员移动也更加频繁。

随着移动进攻战术的不断发展,队员的配合方式与技巧也越来越完善。美国的篮球比赛中最早采用移动进攻战术,之后出现在各国的比赛中。

3. 机动进攻时期(20世纪末至今)

随着篮球运动的不断发展和竞技比赛水平的不断提高,攻守对抗日趋激烈,队员配合越来越娴熟,战术行动效率也不断提升。这种情况下,单一的战术已不能适应篮球比赛发展的新趋势,也不利于运动员充分发挥自己的技术能力。在此情况下,机动进攻战术应运而生,主要代表是"跑轰战术"与"PO"。这类战术使得运动员可以在更大的空间发挥技术,而且行动也比较自由。表面看起来机动进攻战术打法比较随心所欲、不够严谨,但事实上队员之间建立了更加紧密而高效的联系,运动员可以更加灵活地发挥技术、相互配合。

“机动进攻”战术的出现是篮球发展的必然趋势，它区别于单打独斗的自由式和随意式进攻，强调运动员要根据场上的具体情况而及时、合理、有效地采取行动。机动进攻战术的出现标志着篮球战术的发展进入高级崭新的阶段，它促进了大量技术更加全面、战术意识更强的智能型运动员的出现，使篮球战术进入“简而精”的阶段。

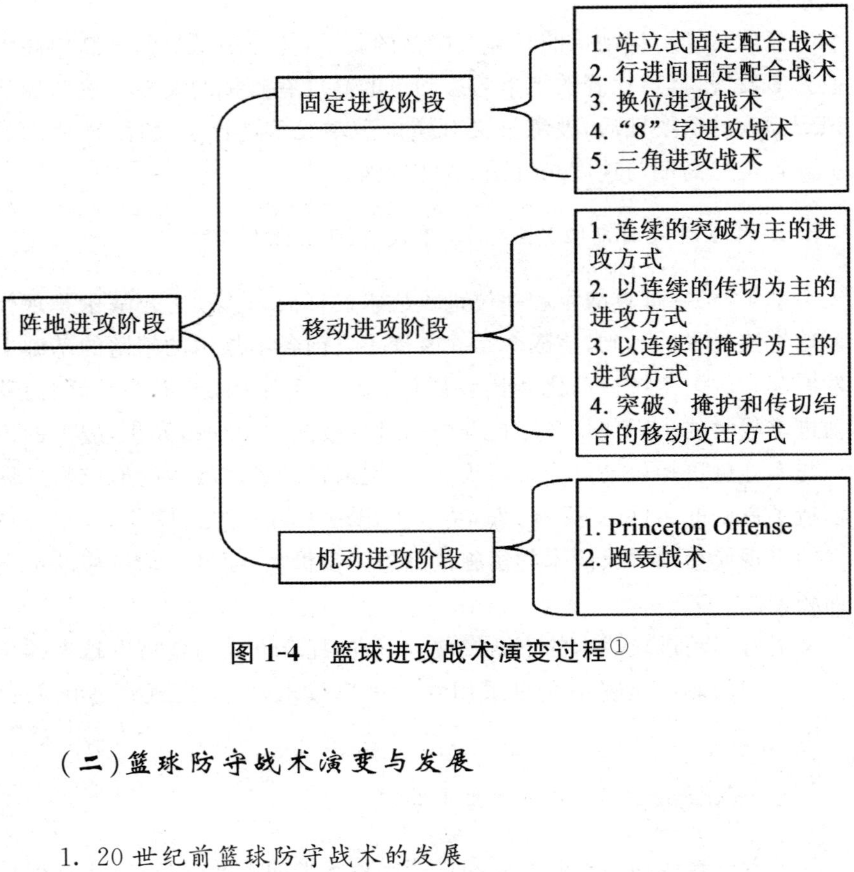

图 1-4 篮球进攻战术演变过程①

（二）篮球防守战术演变与发展

1. 20 世纪前篮球防守战术的发展

在篮球运动发展初期就出现了最简单的人盯人防守战术，尽管这时的人盯人并没有严格意义上的整体防守战术的指导思想和完整的战术结构，只是以一个防一个的形式来阻止攻方的进攻行动，但这种

① 李万阳．现代篮球进攻战术演进及发展趋势[J]. 广州体育学院学报，2009，29(06)：63-66.

简单的分工防守中已经蕴涵了最简单的战术理念，所以说人盯人防守战术的雏形已经出现在当时的篮球比赛中了，半场人盯人防守是最早的防守战术。

2. 20世纪初期篮球防守战术的发展

进入20世纪，篮球防守战术有了新的发展。1914年，美国篮球比赛中首次使用了区域联防战术，即场上队员分管一定区域的固定防守战术，联防形式有2—3、3—2和2—1—2，这标志着篮球防守战术体系由最初对人的防守发展成防人和防区相结合的新体系。联防战术的出现丰富了防守战术的内涵，提高了防守的效果。

20世纪30年代以后，篮球进攻技战术迅速发展，跳投技术的出现、“8”字进攻战术的普遍运用对防守提出了更高的要求，进一步促进了防守战术的发展。这一阶段半场人盯人和联防这两种传统防守战术日趋成熟、完善。20世纪40年代到20世纪50年代初，联防非常盛行，“关门”“协防”“补防”等防守配合出现在联防战术中，提高了联防的整体效果。半场人盯人防守战术在这一时期也有了很大的发展，挤过、穿过、换防等配合方法的运用使这种防守战术不断完善，战术质量明显提高。①

3.20世纪中期篮球防守战术的发展

20世纪中期，防守的新概念——“紧逼”防守出现在美国，为了促进人盯人防守控制范围的扩大，教练员及专家对全场紧逼防守战术进行了设计，该战术不仅防守区域范围广，而且攻守速度和转换快，具有主动性、攻击性和制约性。该战术的出现标志着篮球防守战术进入了全新的发展阶段。

20世纪60年代后期，美国的篮球教练员和专家提出了著名的篮球理论——攻守平衡理论，该理论的出现使得传统篮球比赛中重进攻轻防守的观念发生了转变，同时也为篮球防守战术的革新提供了重要的理论依据。

20世纪70年代，全场区域紧逼防守战术率先出现在美国篮球比赛中，主要防守阵型有1—2—1—1、1—2—2、2—2—1等。该战术不仅强调对人的控制，也注重对区域和球的控制与防守，防守范围扩大，

① 张俊青．篮球运动防守战术发展的历史回顾[J]．体育成人教育学刊，2003(01)：53-54.

防守对象变多,防守更具攻击性和破坏性,对进攻方的进攻行动造成了严重的阻碍,防守效果比较理想。后来在全场区域紧逼防守战术的基础上出现了半场区域紧逼防守、3/4 场区域紧逼防守等区域紧逼防守的新形式。

4. 20 世纪后期到现在篮球防守战术的发展

20 世纪后期,篮球比赛中出现了综合多变的防守战术。综合多变的防守战术是由综合防守战术和多变防守战术组合而成的防守战术体系。其中,综合防守战术指的是在一个防守回合中,前后连贯地使用了两种或两种以上不同的防守战术,根据防守的整体需要,选择不同的防守战术形式,将其有机地组合成为一种新的防守战术结构。多变防守战术则是指在每一个不同的防守回合中不断地变换使用不同的防守战术,战术变化的频率很高。① 综合防守和多变防守这两类防守方式很多情况下都是同时采用的,因此统称为“综合多变防守战术体系”。这类防守战术针对性更强,目的更明确,防守效果好,能够通过不断改变战术和变化战术的组合方式而对比赛节奏进行控制,能够使防守者更加主动地争取机会。

进入 21 世纪后,篮球防守战术的类型越来越多元化,战术形式越来越丰富,而且篮球战术思想也发生了重大转变。传统的篮球防守只是一味地被动防御,而新时期讲求兼顾主动获取球权和防御两个方面,也就是说采取防守战术既要达到防御的目的,也要达到被被动为主动的目的,而为了达到双重目的,防守队员也采取更多的形式来默契配合。新时期发展比较突出的战术是半场扩大人盯人防守战术,它不同于早期的人盯人防守战术,新的人盯人战术有更加严谨的结构,而且要求在更广阔的区域进行防守,运动员需要非常熟练地完成各种配合,要树立整体防守理念,将防人、防球、防区紧密联系起来,增加防守的攻击性、控制性。

新时期联防战术的发展也呈现出新的面貌,在联防区域、控制面积、战术运用等方面有了新的变化,而且引入了一些区域紧逼战术中常用的配合方式,如协防、夹击等,从而大大增强了联防战术的攻击性,也反映了整体防守理念的深入渗透性。

---

① 张俊青.篮球运动防守战术发展的历史回顾[J].体育成人教育学刊,2003(01):53-54.

总体来说，现代篮球防守战术形成了以半场人盯人防守战术为主，联防、全场紧逼盯人、不同形式区域紧逼以及各种形式的综合多变防守并存的防守战术运用格局。

第三节　篮球技战术发展趋势

一、篮球技术发展趋势

（一）篮球进攻技术发展趋势

现代篮球进攻技术的发展趋势主要从不同位置球员的能力发展变化中体现出来。

1. 前锋队员技术能力的发展

（1）前锋队员的助攻能力很强，抢篮板球的技术能力高超，熟练掌握了得分技巧，投篮成功率高。

（2）大前锋的综合实力很强，具备良好的远投能力、突破能力，而且身体素质很强，同时还具备了中锋队员应具备的能力。

（3）小前锋的组织进攻能力和内线单打能力很强，而且具备了后卫应具备的能力。

2. 中锋队员技术能力的发展

（1）中锋球员的进攻范围不断扩大，遍布全场各区域。

（2）中锋球员接球时采取的主要方式是移动抢位接球。

（3）中锋球员策应能力不断增强，擅长中远距离投篮，命中率高，而且能够熟练运用各种投篮技术。

（4）中锋球员在快攻中发挥的作用越来越大，前场抢篮板球的能力越来越强。

3. 后卫队员技术能力的发展

（1）后卫球员的责任分工模糊，个人综合能力提升。

（2）后卫球员在一场比赛中多次助攻，很少失误，而且能积极拼抢篮板球,内线单打能力突出,有良好的得分能力。

4. 不同位置球员的综合发展

不管是前锋、中锋还是后卫,他们在自己位置上应具备的能力越来越强,而且综合素质不断提升,能够胜任其他位置的职责,各位置球员的相互配合能力突出。篮球运动员的综合发展使得篮球比赛中位置分工模糊,也推动了篮球进攻技术的全面化、多元化发展。

(二)篮球防守技术发展趋势

现代篮球防守技术的发展呈现出以下新趋势。

1. 预见性和主动性

从世界高水平篮球比赛中可以发现,优秀篮球队的防守与进攻结合得非常紧密,防守的主动性、攻击性比较明显。球队的防守意识很强,快速出手抢占主动权,从而对进攻方的进攻行动造成了严重的制约。从被动防守向主动防守的转变对防守方的判断能力提出了很高的要求,防守队员要能够对进攻者的攻击意图有准确的判断,从而积极压制对方。判断其实就是一种预见,可见现代篮球防守技术既有主动性,也有预见性。防守队员在准确预测和判断的基础上采取积极主动的行为而抢占先机,使进攻方防不胜防,这对防守者的移动技术、防守技术、配合能力、意志品质都提出了很高的要求,而优秀的篮球运动员也具备这些素质。

2. 攻击性和破坏性

现代篮球比赛中,防守方越来越注重实施具有攻击性和破坏性的防守,通过防守而将进攻方的进攻路线阻断,对其配合造成干扰,使其习惯的进攻节奏发生变化,从而使进攻队员乱了阵脚,无法按照预期的计划或大脑中构思的方案而实施进攻。防守的攻击性主要体现在防守行动的攻击性上,如抢球、断球、紧逼等行动具有明显的攻击性,而防守的攻击性和破坏性也主要从紧逼、贴身、抢断球、施压等动作形式中体现出来,采取这些行动主要是为了将进攻者的球成功截获,使进攻方无法进攻得分,自己变防守为进攻,争取得分的机会。

3. 个人防守能力强

随着篮球运动的不断发展,篮球防守的概念越来越宽泛,传统防守主要是防人、防球，而现在的防守除了防球和人外，还包括对区域和时空的控制，而且防守也从地面拓展到空中，防守呈现出立体化的特征。

防守队员对进攻方的持球运动员进行防守时，贴身紧逼防守方式运用得最多，防守队员时刻都在施压、控制，使持球者找不到传球、投篮的机会，而当持球者只能通过运球改变局势时，防守队员就迅速向角落紧逼持球者，迫使对方走步，或使对方无法成功传球，也不能向有效进攻位置移动，进攻行动无法顺利实施，这时防守队员就有机会夹击抢断。

优秀篮球队的后卫队员往往有很强的防守能力，而且他们的防守行动充满攻击性和破坏性，主要采用的防守方式是紧逼防守、压迫防守，而封盖球、抢断球是攻击性防守的直接目标。现代防守技术的发展对运动员的个人防守能力提出了很高的要求，包括个人防守技术能力和个人防守战术能力以及防守协作能力。因此现在各国篮球队都很重视培养运动员的个人防守能力，尤其强调对全面强硬的防守能力的培养，因为防守队员在防守反击中要快速达到目的，就要进行全面而强硬的防守，这不仅能提高个人防守能力，还能使整个球队的防守能力得到提升。

二、篮球战术发展趋势

（一）篮球战术发展的总趋势

1. 战术简洁实用

随着篮球运动的发展，进攻时间规则的变化，篮球战术也变得更加简洁实用。在设计战术时，球队尽量简化攻防体系，增加战术的实用性、攻击性、危险性，以便运动员及时掌握。

2. 战术中充分体现球队的风格

球队设计战术体系时，充分考虑本球队的风格和技术特征，把这些特征融合到战术体系中，以发挥自己的特长。

3. 注重战术的内外结合

随着篮球运动水平的提高，通过简单的战术方式取得比赛胜利存在很大难度，局部战术容易被对手识破，因此增加战术行动的覆盖面成为篮球战术发展的重要趋势。

（二）篮球进攻战术发展趋势

现代篮球进攻战术的发展呈现出以下几个新趋势。

(1)队员的位置职责功能扩大，场上位置概念模糊，运动员可以兼顾两个以上位置的职责。进攻过程中，任何位置和任何队员都没有固定站位，随机落位，随机进攻。

(2)由站立式进攻战术向移动式进攻战术发展。站立式进攻将多出现在娱乐篮球中，竞技篮球中以采用移动进攻战术为主。

(3)局部进攻从两侧开始，不断向内线冲击。进攻机会从由一点向多点延伸，机动选择进攻方向，进攻态势由平面向立体转化。

(4)内外结合的打法将成为主流。内可攻，外可投，内外结合，不失偏废，全面攻击战术打法将成为进攻战术的主要流派。

(5)大量使用掩护＋突分的配合。篮球比赛中，单靠一己之力很难成功进攻，必须要有同伴的协助。在配合过程中，运用最多的就是掩护和突分，二者结合起来运用效果更好。①

（三）篮球防守战术发展趋势

现代篮球防守战术的发展呈现出以下几个新趋势。

1. 战术形式多样

现阶段，世界上高水平的篮球比赛中采用的防守战术越来越多，球队对防守战术的运用能力充分彰显了其综合实力。篮球强队在日常训练中就很注重对各种防守战术的训练，并强调全攻全守的重要性，加强集体防守战术的落实。防守方在球场上综合运用多种战术，并不断变换与调整战术，使不同战术有机结合，取长补短、相辅相成、发挥整体功能，提高防守效果。在灵活多变的防守理念下，世界篮球强队将会创造出更加丰富的篮球战术及实施方式。

① 李万阳．现代篮球进攻战术演进及发展趋势[J]．广州体育学院学报，2009，29(06)：63-66.

2. 防守的针对性、攻击性强

现代篮球防守战术的发展达到了一个很高的水平，在球队获胜的影响因素中，进攻因素和防守因素是一个天平的两端，砝码一样，攻守平衡足以说明防守的重要性。现代篮球比赛中的防守大都是全队集体防守，单个的防守和局部配合是整体防守的基础，最终都要落实到集体防守中。集体防守的区域在不断扩大，防守的对象也不断增加，每一个战术行动都是有目的性、针对性的，而且伴随着强烈的攻击，给对手造成强烈的冲击和压迫。

3. 注重防守无球队员

集体防守中，以防人和防球为主，但不仅要防持球进攻队员，还要防持球者的同伴，也就是对方的无球队员。对持球者的防守尽可能采用紧逼防守战术，对无球队员的防守以人盯人防守为主，防止持球者给无球的同伴传球，要破坏他们的传球计划。一场比赛中，运动员大部分时间是跑动配合的无球状态，他们的优势是可以在较大的空间范围内活动，有机会接同伴传来的球，因此防守方非常注重对无球队员的防守，阻碍其接球或使其接球后无法展开进攻，进退两难。对无球队员的防守能够打乱进攻方的攻击节奏，使他们没有机会投篮，这样就给本方争取了时间和机会。防守无球队员，要先预测和判断他们的移动路线，然后及时移动到位进行错位防守和堵截，达到人球兼顾的效果。

第四节　篮球技战术的创新与发展

一、篮球技战术的创新

（一）篮球技战术创新的内涵

篮球技战术创新是指篮球教练员与运动员以篮球技战术为对象，在原有技战术理论与实践的基础上，对技战术所进行的以改变其原理、结构、功能、方法及应用时机等特性因素为标志，并具有一定社会实践效果的创造性活动。①

（二）篮球技战术创新的方法

1. 逆向思维创新法

逆向思维指的是在不改变原来技战术原理的基础上，采取非常规思维改造技战术的内容与形式，并导出新的技战术的方法。现代篮球防守掩护战术的发展就采用了逆向思维创新法。

2. 列举创新法

列举创新法指的是列举现有技战术的原理、结构、优缺点等属性，从多个角度出发全面思考这些属性，从而形成多种构思方案的创新方法。列举创新法的本质是分解，也就是将整体技战术分解为若干部分，将复杂的技战术组合分解为若干要素，然后逐一分析研究这些要素。

3. 移植创新法

移植创新法指的将一个领域的部分或全部技战术原理方法结构引进另一个领域，并进行改造。例如，引入排球运动中 3 号位近网快攻战术而创造篮球空中接力战术。

4. 递进创新法

递进创新法是指在不改变原技战术性质的基础上逐级增加其内容和形式的难度，并导出新的技战术的方法，如抢篮板球后直接在空中给同伴传球发动快攻。

5. 组合创新法

组合创新法指的是按照篮球运动原理与特点将若干独立的技战术或其结构部分加以组合，从而获得整体功能较强的技战术的方法。不同篮球技战术的形态结构、方式方法都存在组合的可能性。②

① 于嘉琪．现代篮球战术创新理论的新探讨[J]．经营管理者，2010(06).

② 于嘉琪．现代篮球战术创新理论的新探讨[J]．经营管理者，2010(06).

二、规则演变视角下篮球技战术的发展策略

篮球规则是对篮球运动发展具有重要指导意义和规范作用的重要文件，了解、掌握及运用篮球规则是篮球教练员、运动员及裁判员的具备素质。篮球规则自问世以来进行了多次修改，以不断适应篮球发展的新要求，并通过完善篮球规则来提高篮球运动的规范性和篮球比赛的观赏性。下面基于规则演变视角而探讨篮球技战术的发展策略。

（一）加强最新篮球规则的培训

在篮球比赛临场中暂停和换人扮演着重要的角色。教练员正确运用这些规则有可能改写比分，反败为胜。教练员要多学习和分析新规则，合理运用对本方有利的规则，争取比赛的胜利。

（二）充分理解空间限制规则

在球场上，运动员要有清晰的区域概念，必须对自身的位置及队友、防守队员的位置了如指掌，如此才能控制好防守及进攻区域，才能在有利区域实施技战术行动。

（三）在有限时间内掌控攻防节奏

篮球教练员应正确理解篮球竞赛中关于时间规则演变的原因及其带来的结果，在新规则规定的时间范围内组织日常训练，使队员充分理解时间限制的意义，充分掌控比赛节奏。

（四）提高技术动作规范，增强动作的稳定性

在日常训练中，篮球教练员应有意识地要求运动员使用正确的技术动作，减少因动作不规范而造成的失误或犯规等。严格按照规则的要求训练，使运动员养成遵守规则的好习惯，从而自如掌握比赛节奏，充分发挥技战术水平，并保证比赛的观赏性。①

① 吴双文．篮球规则的演变对篮球技战术发展的影响[J]．武汉体育学院学报，2011，45(01)：72-75.

第五节　现代篮球技战术的理论思维与突破

一、现代篮球技战术理论思维的现状

篮球观念、篮球理论思维直接影响篮球技战术的发展，只有不断更新观念和思维，才能创造出新的技战术，提高技战术水平。随着篮球运动的不断发展，篮球技能水平越来越高，出现了很多不同的篮球技战术流派，各个流派之间的竞争使得篮球比赛的对抗性日趋激烈，大大增加了篮球比赛的观赏价值。世界篮球运动发展的同时，不同地区的篮球观念相互碰撞，相互交流与沟通，呈现出融合发展的态势。篮球文化与篮球思维的交流与融合对各国来说是发展篮球的好机会。尽管世界篮球的观念在不断更新，篮球理论思维在相互碰撞与融合中不断改善，但和篮球实践的发展成果相比，篮球技战术思维远远不够成熟，也尚未形成融多种科学思维于一体的思维体系。而篮球技战术理论思维的落后现状必然会对篮球技战术水平的提高造成制约。

现代篮球技战术的理论思维不够科学、系统，而且也缺乏从辩证的视角去研究技战术。人们习惯以孤立的、静止的视角去认识篮球技术和篮球战术，不注重结合实践而对篮球技战术本质及技战术规律进行探索。篮球技战术理论研究成果常年缺乏创新，理论思维在原来的层次上停滞不前，缺乏深入而有创造性的探索与研究。如果脱离篮球实践去认识篮球技战术理论，那么理论的指导价值也就不存在了。

二、现代篮球技战术理论思维的突破与发展

鉴于现代篮球技战术理论思维停滞不前的现状，我们必须认清篮球技战术的发展趋势，树立新的技战术理念，开放思维，打破思想束缚，创造性地去认识篮球技战术，揭示其中的规律和奥秘，加强理论层次的研究，用科学的理论去指导实践的发展。

具体来说，要实现篮球技战术理论思维的突破与发展，就要从以下

几方面努力。

第一，克服主观思维和片面思维。运用科学的理论并以辩证的视角去研究篮球技战术，更新传统的技战术观念，对篮球技战术的规律和本质有清晰的认识及深入的理解。

第二，确立“时空对抗技术”的先进理念。时间是一维的，反映了事物变化发展的连续性，空间是三维的，反映了事物发展变化的延展性。时空对抗技术是篮球技术在时间维度和空间维度上表现出来的各种因素的组合，时间维度上的表现主要有时机、节奏、速度，空间维度上的表现主要有位置、距离、角度等。时空对抗技术理念中，对抗是精髓，在此基础上形成了快速、灵活多变以及立体的特征。确立“时空对抗技术”理念，有助于推动篮球技术的快速发展。

第三，从传统的、僵化的、呆板的、单一的战术思维模式中走出来。结合篮球战术发展现状和趋势而确立新的思维模式，确保篮球战术思想的先进性、灵活性，在先进思想的指导下发展篮球战术。

第四，随着篮球运动的发展而更新篮球观念，主动学习新思维，借鉴成功的经验。对我国篮球技战术的发展趋势要有深刻的认识，并预测未来发展走向，善于从实践中总结规律，并用科学、抽象的规律去指导实践。

第二章　篮球技战术训练的学科理论基础

技战术训练是篮球运动训练的重要内容，要想保证训练的科学性和有效性，提高篮球训练的效果，就需要以科学的理论为指导按部就班地进行训练。这些科学理论主要包括运动生理学、运动心理学、运动训练学、教育学等多方面的内容。

第一节　运动生理学基础

一、篮球运动与氧运输系统

氧运输系统在人体运动中扮演着十分重要的角色，为了帮助人们更好地认识氧运输系统，下面主要阐述人体运动中的需氧量和最大吸氧量两个部分的内容，以使人们更加清晰地认识到氧运输系统的重要作用。

（一）需氧量

需氧量是指维持人体正常生理活动的氧量，身体健康的人在安静状态下每分钟需氧量是250毫升。

篮球运动员或者普通的篮球爱好者，训练内容、训练时间以及训练强度等都会影响运动员的需氧量，基本规律是需氧量随运动强度的增加而增加。

运动员要想进一步提升自身的篮球竞技水平，就需要大量的训练，在运动训练中要不断地提高运动量与运动负荷，而随着运动强度的增加，机体需氧量也会随之增加，此时如果氧气供应不足，就容易出现氧亏现象，出现这一现象时，运动训练活动就难以顺利地进行。因此，运动员在训练中一定要维持适当的需氧量，确保机体能正常活动。

（二）最大吸氧量

1. 最大吸氧量的概念

最大吸氧量指的是在需要大量肌肉群参加的力竭性运动中，当氧运输系统中的心泵功能和肌肉的用氧能力达到本人最大极限时，人体单位时间内摄取的氧量。它主要反映的是人体最大的有氧代谢能力，是判定运动员有氧工作能力的一个重要标志。最大吸氧量大的运动员一般有氧耐力都比较强。

2. 最大吸氧量的影响因素

大量的研究表明，运动员的最大吸氧量在一定程度上受到先天遗传因素的影响。除此之外，运动员的年龄与性别也会影响自己的最大吸氧量。在影响最大吸氧量的因素中，年龄、性别、遗传及运动训练因素的影响比较明显，所以这些因素是显性因素。而除此之外，还有一些潜在的隐性因素也会影响人的最大吸氧量，如呼吸、肌肉代谢等，了解这些潜在的因素对于运动员参加运动训练具有重要的指导意义。

3. 最大吸氧量的测定

一般来说，最大吸氧量的测定方法主要有直接测定和间接推算两种。直接测定主要在实验室进行，需要让受试者完成跑台跑步、蹬踏功率自行车或台阶试验来进行测定。因为直接测验法要求受试者在运动时达到力竭程度，因此具有一定的危险性，为了避免发生危险，可采用间接推算法，该方法虽然同样需要进行台阶试验和功率自行车运动测验，但与直接测定相比，这一种方法的危险性较小，具有很高的安全系数。

二、篮球运动与血液循环系统

（一）气体交换

人体在运动的过程中，ATP 能量的产生或再生都离不开氧气。要将空气中的氧输送到肌肉细胞中的线粒体内，实现ATP合成，必须通过呼吸系统和血液循环系统的合作。肺→肺部毛细血管→肺静脉→左心房→左心室→主动脉→各组织处毛细血管→组织细胞是氧气完整输送过程的主要路径。有关学者经过一系列的研究后总结出，空气中的氧气要顺利进入肌细胞线粒体，必须经过体内18层胞膜。一旦外界的氧气进入肺泡，就开始了第一阶段的气体交换，即氧气与血液中的二氧化碳在肺泡血管膜上交换。这一交换位置的主要作用是隔开肺泡中的氧气与肺泡微血管中的血。第二阶段的气体交换主要发生在微血管膜上。从第一阶段到第二阶段的气体交换中，有很多不可避免的影响因素，影响较大的因素主要有以下几种。

(1)红细胞数目。

(2)肌肉中微细血管数目。

(3)血色素含量。

(4)微血管的密度等。

血液中氧气和二氧化碳的输送主要以两种方式实现，第一是与血液的化学组合，第二是在血液中溶解。采用第一种输送方式的情况居多，也就是血液中的氧与血红蛋白发生化学结合后被输送。

综上所述，血液循环系统是输送氧的主要功能系统。血液循环系统内的心血管系统是一个封闭性的运输系统，组成该系统的成分主要有心脏、静脉、动脉及毛细血管。血液在心血管系统中的循环流动需要由心脏提供动力，在血液的不断循环中，氧气和大量的营养物质提供到各种细胞中，从而使细胞的生存有了基本保障，同时在血液循环中也将二氧化碳从细胞中带走了，这就促进了细胞的生长。通过以上研究我们就可以发现血液循环系统在人体运动中的重要作用，因此要给予重视。

(二)心血管系统功能特点

人体的心血管系统功能也扮演着十分重要的角色，可采用心率测量方法，同时对运动强度进行分析，这种方法简便易行，运用广泛。就每搏输出量和心率来看，优秀运动员与普通人的差异非常明显。通常，普通人在安静状态下，每搏输出量、心率分别为70～80毫升、65～80次，而优秀运动员则是100～110毫升、50～60次。同样在最大强度下，普通人和优秀运动员的每搏输出量分别可达到120毫升和170毫升。血液分配在安静状态与运动状态下有明显的不同，尤其是最大强度运动下，这种差异就显得更为明显。

以下两方面的生理因素会在一定程度上影响人体运动状态下血液分配的变化。

第一，肾、肝、皮肤等的动脉血管收缩而变细。

第二，供应骨骼肌的动脉血管和骨骼肌内毛细血管的扩张。

而且，带氧的血液能够输入人体骨骼肌内，正是这两种生理性变化影响的结果。

三、篮球运动与供能系统

（一）磷酸原系统

人体的磷酸原系统是当 ATP 被分解放能后，磷酸肌酸（CP）随即分解并促进 ATP 再生成的系统。这是一个持续时间非常短暂的过程，过程中不需要氧的参与，也不产生乳酸，据此也被称为“非乳酸能系统”。生理学研究认为，人体全部肌肉中 ATP-CP 系统的供能维持人的运动时间仅仅为 8 秒钟。由此可总结出磷酸原系统供能的特点为供能快、功率高、总量小、持续时间短。

（二）糖酵解系统

人体在参加运动锻炼时，当机体持续运动时间在 8 秒以上且强度较大时，迅速提供短期能量供给的磷酸原系统就会显得鞭长莫及。此时，能够支持运动所需 ATP 再合成的能量来源就要依赖于糖酵解系统提供了。

在人体各系统的运行中，肌糖原在分解葡萄糖为乳酸的过程中生成 ATP。如果在这一过程中持续有氧的参与，所产生的乳酸中一部分会在线粒体中被氧化生能，另一部分则会合成肝糖原。如果没有氧的参与，则在生成能量的同时还会生成乳酸。乳酸是强酸的一种，这种物质在体内堆积过多会破坏内环境的酸碱平衡稳态，它直接会导致肌肉工作能力下降，给身体带来疲劳感。如此看来，依靠糖原的无氧酵解这种供能方式只能维持肌肉工作几十秒，但毕竟这一系统能在缺氧的时候还能产生能量供体内急需，因此，这种供能方式的作用还是比较大的。

总体而言，两大供能系统的供能过程都可以在没有氧的条件下供能，其都是人体运动时的无氧代谢供能系统的组成部分，充当着短时间内人体能量供给者的角色。

（三）有氧氧化系统

人体在氧供应充足的条件下进行运动时，体内所需的ATP是由糖、脂肪的有氧氧化来提供的。这种对ATP的提供方式具有量大和持续时间长的特点，由此使得有氧氧化系统就成为运动供能的主要方式。

有氧氧化系统具有一定的供能特点，这决定了其是为人们的那种长时间、高耐力的运动提供能量的系统。而就人的耐力素质来说，其有氧代谢能力和心肺功能是非常重要的，二者之间的联系非常密切。

四、篮球运动与运动系统

人体的运动系统支持其参与运动，肌肉、骨骼和关节构成人体的运动系统，它们的状态如何很大程度可以决定运动者的运动能力。

（一）肌肉

肌肉在人体系统中扮演着十分重要的角色，它是人体运动系统的重要组成部分，人的各种动作及行为都离不开肌肉运动。肌纤维可以说是肌肉的基本组成单位，若干肌纤维排列成肌束，若干肌束聚集起来构成肌肉。

一般来说，人体肌肉主要包括骨骼肌、平滑肌和心肌三种类型，其中骨骼肌数量最多，大约600多块，主要附着在骨骼上。根据骨骼肌外形的不同，可以将骨骼肌分为长肌、短肌、扁肌和轮匝肌4种类型。

（二）骨

骨骼在人体发展中扮演着重要的角色，这些功能能支撑人体及支持人体的运动行为。总体而言，人体骨骼主要有以下功能。

1. 支撑功能

人体中骨骼大小不一、形态各异。骨骼之间的连接最终构成一个完整的、坚实的人体框架，使人在外在形态上呈现出一个稳定性的轮廓，并且还支撑起体内脏器的重量和固定它们的位置，如此才能使血管和神经能有规律地定向执行循环和传导功能。

2. 运动功能

在人体运动系统中，骨骼起着重要的杠杆作用。在神经系统的调节下和肌肉的带动下，骨骼能够通过对骨绕关节的运动轴进行牵引而产生各种运动。

3. 保护功能

骨骼之间的相互连接会构成一个体腔的壁，许多器官就在这个腔内空间中运转，无疑这个由骨骼构成的体腔壁就为这些脏器提供了保护。如胸骨对胸腔内心脏、肺脏等器官的保护；骨盆对对膀胱和众多生殖系统器官的保护等。

4. 造血功能

骨骼中的红骨髓是人体重要的造血器官，这一功能对人体各方面的健康发展都起着十分重要的作用。

5. 储备钙和磷的功能

骨盐中含有大量的钙和磷等微量元素，这些元素是体内钙、磷代谢的必备物质。

（三）关节

关节在人体运动系统中也扮演着十分重要的角色。关节可以说几乎参与到所有人体的运动行为之中，可以说，如果没有关节这一结构，人体的多数动作都是难以实现的。关节的活动是由骨骼肌的带动牵引完成的，通过骨骼肌的带动，运动环节会绕关节的某一轴运动，如此形成各种人体想要做出的动作。

一般来说，关节的运动形式主要有四种，具体为在矢状面内绕冠状轴的屈和伸运动；在冠状面内绕矢轴的外展和内收运动；在水平面内绕垂直轴的旋转运动；绕环运动。除此之外，滑动、水平屈和水平伸也是关节的主要运动形式。通过这几种运动形式，人体才能顺利地完成各种动作。

篮球运动需要人体各个关节的参与，经常参加篮球运动能有效帮助人体关节部位活动能力的提升。除此之外，经常参加篮球运动还能提高关节囊和韧带的伸展性，增强关节的灵活性。由此可见，关节在篮球运动中的重要作用。

五、篮球运动与新陈代谢

（一）水代谢

水在人体生命活动中扮演着极为重要的角色，离开了水，人体生命活动就难以进行。人体中含量最多的物质就是水，水也占有人体体重的绝大部分比例。作为如此重要的人体物质，保持体内的水平衡显然是维持人体健康和正常活动的关键。人体中的水分多来自从外界摄入的水或食物，人体可以产生少量的水，这些水是由体内物质代谢过程中产生的附属物质。人体内水的排出一般有多种方式，主要方式为以尿液的形式排出体外，次要方式还有出汗、粪便排泄以及呼吸等。处于运动中的人体体内的热量会不断聚集，为了维持正常体温，此时就需要通过排汗的方式将热量带出体外。以上就是水代谢的基本原理与过程。人们在参加篮球运动的过程中会损失大量的水分，需要在运动前后或运动过程中进行补充。

（二）糖代谢

糖也是人体一种非常重要的供能物质。人体中的糖主要是从植物或动物类食物中获得的。当糖进入体内后，会在消化酶的帮助下转换为葡萄糖分子，继而被机体吸收。但如果摄取的是果糖，其吸收与利用的过程就会更为复杂。

血糖的功能主要是合成糖原这种大分子糖的必要要素。糖原有肌糖原和肝糖原两种，从名称可知这两种糖的存储位置不同。需要注意的是，人体的肝脏也能合成葡萄糖或糖原，这就是糖的异生。糖的异生在血糖功能发展中扮演着十分重要的角色。

人们要参加运动锻炼都需要一定的能量供应，只有如此运动锻炼才能顺利地进行。一般来说，人体所需的能量主要来自人体内糖的分解代谢。人体中糖的分解代谢有有氧氧化、糖酵解等几种过程形式，不同分解代谢的触发时机不同，并且也有着不同的供能特点。运动虽然运动量不大，但也会消耗运动者一定的能量。人体在运动的过程中，肌肉中的ATP、CP被消耗，此时肌糖原开始无氧分解过程从而开始调动体内供能。这一过程中肌细胞内钙含量也开始上升，同时增加的还有生长激素、甲状腺激素、雄性激素、儿茶酚胺等，种种改变使肌细胞产生了一些适应性变化，进而增大EK、PFK、磷酸化酶等的活性。而这也是超量恢复理论的重要基础。

长时间地参加篮球训练，会消耗体内大量的糖，在运动结束后要及时补充糖分。如果体内存储有足够的糖，并且有足够的氧摄入，则通过糖的有氧代谢方式就可以供给机体在运动中所需的能量，这就是我们通常所说的糖的有氧代谢。

（三）脂代谢

脂肪在人体中的作用也很重大，通常来说，人体内的脂肪主要来自摄入体内的动物脂肪和植物油。脂肪有疏水性的特点，这使得它要想在人体的水环境中分解就需要酶的参与，或是借助从外界摄入的各种乳化剂才行。与糖相比，脂肪的吸收与转化就稍显复杂。

人体对脂肪的吸收可通过小肠上皮细胞直接吞饮脂肪微粒，另一种方式为脂肪微粒的各种成分进入小肠上皮细胞接受再度分解后重新合成脂肪所形成乳糜微粒，该微粒和大分子脂肪酸一并被转移进淋巴管，而甘油和小分子脂肪酸则会溶于水后被吸收。如此来看，淋巴和血液是脂肪吸收的两种途径。其中，淋巴吸收是最为主要的途径。当脂肪被吸收之后多数会存储于皮下、大网膜或肌肉细胞中，少量脂肪还会以合成磷脂、合成糖脂和合成脂蛋白的形式存储在体内。

脂肪的分解代谢过程最终会产生能量供人体活动所需。但脂肪供能不是运动后第一时间开始的，调动脂肪供能并没有那么容易，往往只是在人体进行那种时间长、运动强度中低等的运动时才会调动脂肪予以供能。脂肪供能是通过有氧代谢完成的，在脂肪的分解代谢过程中其首先会被分解为甘油和脂肪酸，然后继续分解为二碳单位，其最终的分解产物为二氧化碳和水。

（四）蛋白质代谢

蛋白质也是人体所需的一种非常重要的营养素，在人体运动的过程中发挥着关键的作用。人体中的蛋白质也是在消耗与补充的动态过程中保持一个平衡。如果要测量人体中蛋白质的代谢状况，可通过测定摄入的氮含量和排出的氮含量的方式进行。一般来说，人体的生理活动状况决定蛋白质的代谢状况。“氮总平衡”的状态多出现于正常成年人之中，此时人体体内的蛋白质的分解与合成基本持平。少年儿童则不同，因为他们正处于身体生长的快速期，这使得他们体内的蛋白质合成量大于分解量，由此体内的氮就会呈现出一种正平衡的状态，而患有某种消耗性疾病的人体内的蛋白质合成量小于分解量，由此体内的氮就会呈现出一种负平衡的状态。这种负平衡状态对于人体参与各种各样的运动是不利的。

大量的研究与实践表明，长时间参加篮球训练会在一定程度上影响人体蛋白质代谢，基本上来说，这一影响是积极的，主要表现在两个方面：一方面，经常参加运动锻炼能有效促进蛋白质的生成；另一方面，经常参加运动锻炼还能有效促进骨骼肌蛋白质的合成，这对于人体肌肉力量的增强具有十分重要的意义和作用。因此，在平时一定要注意蛋白质的补充，蛋白质补充的量要适当，能维持机体所需即可。

（五）维生素代谢

维生素也是人体所需的一项重要的营养素。维生素在人体中不能自行合成，在平时的饮食中，人们可以通过摄入各种食物获取充足的维生素。维生素的种类众多，每种维生素对人体都有不同的作用，而人体则需要全面的维生素补充才能保持机体的正常运转。维生素的奇特之处在于，不同类型的维生素都拥有各自独特的结构。虽然维生素对人体起着较多作用，但人体的细胞结构中却不含维生素，且维生素也并不参与对人体能量的提供工作。它们最大的功能就是给体内的能量代谢过程和各种调节过程给予辅助力。

维生素在人体中承担着十分重要的角色，它主要是参与辅酶的生成过程。如果人体缺乏某种维生素，就会导致某种酶的催化能力受到限制，从而引发体内的代谢失调。需要注意的是，维生素的摄入不要过量，要保持适当的量，满足人体的需求即可。

（六）无机盐代谢

在人们日常所食用的各种食物中都含有大量的无机盐，一般来说，无机盐主要为以磷酸盐的形式存储在骨骼中。除此之外，还有一些少量的如钙、镁等少量的无机盐会以离子的形式存于体内。

无机盐对人体的作用十分明显，其主要作用在于调节人体内的渗透压，以及维持体内酸碱平衡。在体液中，无机盐会被解离为离子，体液中的离子有阴阳之分，在人体细胞代谢中发挥着极为重要的作用。

第二节 运动心理学基础

一、运动心理学概述

（一）运动心理学的概念

运动心理学是一门研究在体育运动中个体的心理活动的特点和规律的心理学学科，可以说，这一门学科是体育教学中心理学理论依据的基础。美国学者考克斯（Cox，2007）认为，运动心理学是研究心理和情绪因素对运动和锻炼表现的影响，并研究参加运动与锻炼所产生的心理和情绪效益。发展至今，这一门学科获得非常快速的发展，尤其是在竞技体育中，这一门学科的理论得到了极为充分的利用，为竞技体育的发展提供了良好的保障。

（二）运动心理学的任务

运动心理学的任务主要体现在以下几个方面。

(1)运动心理学主要研究个体在从事体育运动时,其心理过程的特点和规律,以及个性差异与体育运动的关系。如篮球运动员在训练和比赛时的心理状况是一致的吗?

(2)运动心理学还研究体育活动对人的心理过程、个性特点会产生短期和长期的哪些影响。如长期参加篮球训练和比赛会影响运动员的个性特点吗?

(3)运动心理学研究掌握运动知识、形成运动技能以及进行技能训练的心理学规律。如通过什么样的训练手段能帮助运动员快速地提高篮球运动技能。

(4)运动心理学还研究在比赛过程中运动员的心理状态。如在篮球比赛中,运动员如何有效地刺激和发挥自身的最佳状态;发生突发状况时,运动员如何快速冷静地处理,需要运动员具备什么样的心理条件。

(三)运动心理学的发展

1. 国际运动心理学发展回顾

1897 年,美国印第安纳大学的诺曼·特里普里特(Norman Triplett,1861—1931)在《美国心理学杂志》发表了一篇论文,被认为是出现最早的对于运动心理学的研究。诺曼通过相关实验发现,当有人在场观看时,自行车运动员要比单独骑行时成绩更好。

“美国运动心理学之父”科尔曼·罗伯茨·格里菲斯(Coleman Roberts Griffith,1893—1966),1923 年在美国伊利诺伊大学开设了世界上第一门运动心理学课程。两年后,他建立了世界上第一个运动心理学实验室,主要研究运动技能学习、运动技能操作和体育运动中的个性问题。这一心理学实验室在当时具有一定的先进性,对于研究人的运动心理发展具有非常重要的帮助。

发展到 20 世纪二三十年代,运动心理学在苏联也开始逐步发展起来。苏联中央体育学院的心理学教研组和列宁格勒体育学院心理学教研组共同研究了训练过程中技能形成的特点,以及体育运动对发展记忆、注意、知觉等方面的影响,这一研究成为当时的一个热点话题。

在德国,波斯在 1927 年出版了《运动心理学》,舒尔清于 1929 年出版了《体育心理学》,以及梅格尔曼出版了《篮球和运动员的人格类型》。

这些都对运动心理学的发展起到重要作用。

至20世纪40年代，许多运动技能学习实验室的相继建立，让科学家对运动行为的研究更为系统和科学。

2. 中国运动心理学发展回顾

中国古代的思想著作里，如《庄子》《礼记》《吕氏春秋》等都曾不同程度地闪现出史前对运动与心理的发现。

1926年，我国的体育教育家马约翰撰写了名为《体育的迁移价值》的论文，被认为是中国现代运动心理学的代表。1942年，全国武术和体育研究院的吴文忠、肖忠国编译了我国第一部《体育心理学》。

1979年，中国心理学会体育运动心理专业委员会成立。运动员心理测量是心理选材和心理训练的第一步，而运动员的选材又是训练的起点。

进入21世纪后，伴随着竞技体育运动的不断发展，优秀运动员的心理训练水平也逐步发展和提高。其中涉及的主要问题有动机、自信、情绪、注意和人际关系等。还有，为了对运动员做赛前的心理准备和赛中的心理调节，经常采用的方法有认知调节、生理调节和环境调节等。实践证明，这些方式方法都对运动员起到积极作用。

二、认知心理学

认知心理学属于运动心理学研究的重要内容，它主要是研究人类高级的心理活动，如人的认知、注意、知觉、记忆、思维等内容。也就是说认知心理学主要研究的是不能直接观察到的人类的内部机制和过程。

（一）个体的认知

知觉指的是确定人们接受刺激之后，依赖来自自身和外界的信息，形成知识。人的认知活动是认知要素相互发生作用的一系列活动的整体。在不同年龄，认知也不尽相同，他们大体分为四个阶段：0—2岁为感知运动阶段，通过吮吸、抚摸等实现认知活动。认知是通过感官的即刻经验获得的；2—7岁称为前运演阶段，是通过身体的运动和知觉经验完成认知活动；7—11岁称为具体运演阶段，个体依据具体的形象进行思考，但这一阶段还不能完全脱离具体经验；11—15 岁为形式运演阶段，个体的认知活动可以不局限于具体的经验，而可以通过逻辑和规则进行思考，也就是具有了抽象思维。对于篮球教学而言，大学生此时具有了进行复杂的抽象思维的能力，体育教师可以充分利用各种心理学理论指导学生的篮球训练，提升学生的认知水平。

（二）认知与情绪

大量的研究与实践表明，认知与情绪之间有着非常密切的关系。一般来说，人的情绪可分为积极情绪和消极情绪两种。认知心理学的研究结果显示，积极情绪提高注意灵活性，消极情绪则减损了灵活性。特别是篮球运动，情绪是影响篮球运动员决策的重要因素。在积极情绪作用下，运动员进行决策的速度较快，正确率也较高。而当运动员处于消极情绪时，决策速度相对较慢，正确率也有所下降。关于情绪、认知和行为决策，目前存在两种观点。一种观点认为情绪和认知相互作用共同影响决策行为。另一种认为在情绪、认知和行为之间，情绪的作用为内隐性质，它还可以直接影响运动员的各种运动行为。

根据认知与情绪的基本理论，在篮球教学中，教练员应对学员的情绪引向积极和正向。同时，由于竞技运动不可避免地会产生各种各样的消极情绪，教练员和学员都要学会管理情绪，杜绝各种负面情绪的影响。

三、动力心理学

动力心理学主要是由伍德沃思提出，他曾经对动力学做出深刻地研究与分析，提出了机制和驱动力两个概念，试图解释人的一切行为活动。它认为机制是驱动力得以实现的外部条件，驱动力则是机制的内部条件，二者可以相互转化，共同促进着人们各种行为的产生与发展。

（一）动机的概念

动机是指推动个体进行活动的心理动因和内部动力，它能引起并维持个体的活动并且指向一定的目标。运动动机是推动运动员参与体育运动的内部动力。

（二）动机分类

依据不同的划分标准，可将动机分为以下种类。不论如何，运动员参加篮球训练和比赛都要建立正确的动机。

1. 生物性动机和社会性动机

生物性动机是指以有机体自身的生物学需要，如饥饿、睡眠等生理需求而产生的动机。社会性动机是指以个体的社会性需要为基础，如情感、成就、尊重等需要而产生的动机。

2. 内部动机和外部动机

依据人的心理动因划分，动机可分为内部动机和外部动机两种。内部动机是指来自个体内部需要的内部动机，如归属感、自我实现等心理需要；外部动机则是指来自外部环境的刺激和诱发，例如获胜后的奖金、名誉等。这两种动机在运动员中都是较为常见的。不论是哪一种动机，如果利用得当，通常都能取得不错的效果。

但需要注意的是，内部动机的推动力往往要大于外部动机，持续时间也更长。但以内部动机主导的运动员缺少强烈的成为冠军的雄心，他们更享受运动过程中获得的自我提升和掌控感。而外部动机的对运动员的推动力较小，维持的时间也较短，他们对运动成绩或运动目标有着强烈的追求，希望得到社会的认可和赞扬。

因此在教学中，应该同时培养学生的内部动机和外部动机，这样才能具有强韧的毅力、积极的态度和夺冠的勃勃志气。

3. 直接动机和间接动机

直接动机是指以兴趣爱好为出发点，更多的指向活动过程的动机。比如学生对篮球运动的热爱，享受在篮球运动中发挥自身潜能的愉悦感。间接动机以间接兴趣为基础，更多的指向活动结果。比如学员为了掌握某个高难度动作，可以反复不断地练习同一个动作。

整体上来说，直接动机对人的行为有更强的推动力，但是当任务难度过大时，直接动机的局限性就体现了出来，这时候就需要间接动机来配合。

(三)动机的培养与激发

根据运动动机的基本理论，在篮球教学或训练中要培养和激发运动员正确的动机，以实现预期的训练目标。

1. 满足乐趣的需求

对于普通的篮球运动爱好者而言，他们参加篮球运动的主要目的是获得娱乐的感受，因此满足乐趣就成为他们的心理需求。尽管专业运动员参加篮球运动是一种职业，但也少不了娱乐的要素。因此，教练应该培养和保护运动员的这种兴趣，让运动员产生更加强烈的内部动机。可以通过不断地变换训练方式激发运动员参与训练的兴趣和积极性，如此才能有效地提高训练水平和质量。

2. 胜任感的需求

在篮球教学与训练中，参与者还有着强烈的胜任感需求。作为教练员，应该花精力设计安排训练或者比赛，让每一位运动员都有成功的体验，对自己的技术水平有积极自信的认知。对于自尊心屡屡受到挫败的学生，教练应给予额外的关注，为他们营造一个积极和谐的训练环境，以免打击他们训练的自信心。

3. 归属感的需求

人们生活在社会上，都需要获得良好的归属感，这是每一个人的内心需求。对于篮球运动员而言，他们渴望成为运动集体的重要一员，这将极大地满足他们的归属感。作为教练，应该努力增强凝聚力，确保每个球员都能在球队中找到自己独有的位置，感到自己是团队重要的一员，团队成员之间相互协作，实现共同发展和进步。

4. 自主需求发展

个性化发展是众多年轻人的追求，对于那些青少年运动员来说也是如此。根据青少年身心发展的这一特性，教练员可以在时机成熟的时候，适当地给予他们自主权，让他们自己掌控训练和学习计划，设定目标和完成效果。有研究表明，否定个人控制自己生活的权利会损伤体能的内部动机,而给予一定的自主权,鼓励个体个人发展,会让他们获得满足感和自信心,从而更好地提升自身的训练水平,促进自身竞技能力的提高。

四、群体心理学

篮球是一项团队运动,要想取得理想的比赛成绩,需要全体队员的密切配合。因此这就涉及群体心理学问题,如团体凝聚力、信任、团队效能等都属于群体心理学中的重要内容。下面重点研究与分析这几个心理学问题在篮球运动中的应用。

(一)团体凝聚力

1. 团体凝聚力的概念

是否具备良好的团队凝聚力对于运动成绩的获得具有十分重要的作用和意义。团体凝聚力是指团队成员在目标、情感和行为上的整合的力量。比如,篮球球队的凝聚力能让球队成员为了实现共同的目标而努力“战斗”,去获得比赛的胜利。

2. 团体凝聚力的分类

团体凝聚力主要分为任务凝聚力和社交凝聚力两个部分。

(1)任务凝聚力是指团体成员团结一致,为了同一个目标共同努力的程度。

(2)社交凝聚力是指团体成员之间彼此欣赏,相互认同,愿意成为团队的一员的程度。

3. 团体凝聚力在团队中的作用

(1)团队凝聚力是一个团队取得胜利获得预期目标的重要保证。设想一个各行其是、互相拆台的团队,是无法完成预先设定的目标的。

(2)团队凝聚力是运动水平正常发挥的重要前提。团队的凝聚力越强代表向心力越强,那么个体的力量能得到更好的整合,团队水平也才能得到正常甚至超常发挥。

(3)团队凝聚力是提高团队工作效率的重要因素。团队的协作需要机体的密切配合和默契协作,如此才能有效提高工作效率。

(4)团队凝聚力能为团体提供充分的内在动力,增强团队成员的自信与荣誉感。

(二)信任

1. 信任的分类

篮球是一项团队型运动,运动成绩的获得需要每一名队员的密切合作。因此,信任问题在篮球比赛中显得尤为重要。关于团队水平的信任研究一般分为两种,一种是指团队内一个成员对其他成员的信任。对于篮球球队而言,就是球员对教练或者其他球员的能力和善意的预期,或者教练对于球员的能力、善意等的预期和判断。另一种是指团队成员对团队整体的信任。是指球员或者教练对球队组织的信任和支持,相信彼此会做出公正而不会损害个人的利益。

2. 如何加强球员之间的信任

信任是球队的核心要素,是彼此合作的重要基础。加强球队的信任可从以下几个方面着手。

(1)目标要明确。团队是以目标为导向的,对于球队而言,一切工作都是围绕着明确而具体的目标进行的。

(2)组织要有保障。球队的组织管理是球队健康发展的前提,是球员安全感的重要来源。只有在公平完善的制度下,球队的每位成员才能感到自己得到尊重和公正地对待。愿意也相信其他成员都会自觉遵守制度,如此彼此就能产生信任感,这对于运动训练和比赛都是十分有利的。

(3)沟通要有效。在篮球训练和比赛中,球员与教练,以及球员之间要加强彼此的沟通与交流。可以说,有效沟通是球队成员之间信任、协作和共同达成目标的必要前提。在平时的训练中,一定要注意这一方面的问题。

(三)团队效能

1. 团队效能的概念

团队的效能是指由一组相互依赖的个体构成的有边界的系统,对一起完成特定任务的能力的共同信念。

2. 提高团队效能的方法

团队效能是衡量篮球球队发展状态、发展水平和竞技成绩的重要标准。一般可通过以下三个方面提高团队效能。

(1)教练员技战术素养及执教能力。

(2)球员之间合作满意度和球队凝聚力的程度的提高。

(3)球队比赛成绩的提高。

第三节　运动训练学基础

一、运动训练学概述

(一)运动训练学的概念

运动训练学是一门研究和反映运动训练一般规律的新型的体育交叉学科。在运动训练发展的今天,运动训练与其他学科的联系越来越紧密,呈现出综合化发展趋向,多学科的融合促进了运动训练学理论体系的丰富与完善,有学者在多学科互动的基础上构建了新的具有交叉性与综合性的运动训练学体系。这一训练体系对于运动员运动水平的提升及运动队比赛成绩的获得都具有重要的意义。

(二)运动训练学研究

运动训练学主要从横向与纵向两个维度上去研究运动训练的相关

问题，在横向维度上主要研究运动训练的原则、训练方法、训练内容、训练负荷及训练安排；在纵向维度上主要研究一般训练、专项训练和项群训练的相关问题，在纵向维度上各项内容的研究中都会涉及横向维度上的几个训练要素。

二、运动训练的概念

运动训练是运动员在教练员的指导和有关人员的共同配合下，按人的发展和比赛的要求，提高运动成绩，促进运动员有运动个性的全面发展的教育过程，其本质是提高运动成绩，促进人的发展。

三、运动训练的内容

一般来说，运动训练主要包括以下几个部分的内容。

（一）体能训练

体能训练是为提高运动员身体素质，使其保持或提高专项运动成绩而进行的基础性训练。体能既要全面，又要与专项特点紧密结合，从而促进运动员身心健康，提高其运动成绩。一般来说，运动员的体能训练主要包括身体机能训练和运动素质训练两个部分。

（二）心理训练

心理训练是培养运动员良好意志品质、记忆品质及思维品质的运动训练。伴随着竞技体育的不断发展，心理训练越发受到重视。对于专业的运动员而言，心理训练主要包括一般心理训练和专项心理训练两个部分。

（三）智能训练

运动智能指的是运动员在运动训练或竞技比赛中运用基础和专项理论知识认识训练和竞赛的一般或特殊规律并解决现实问题的能力。

（四）技术训练

技术训练是改进、提高和完善运动动作的运动训练，它是运动训练的高级阶段。技术训练的内容相对比较广泛，高水平运动员的技术训练相对专一。技术训练涉及技术环节、技术基础、技术细节三个维度。技术训练可以说是运动员运动训练中的重要内容，是运动员取得理想比赛成绩的关键所在。

（五）战术训练

战术训练是结合专项比赛的要求，培养运动员独立作战或集体配合能力的运动训练。运动员战术意识的培养应从早期训练抓起，通过大量的训练或实战比赛来提高运动员的战术素质。

四、运动训练适应

运动训练适应指的就是运动员在运动训练过程中逐渐适应训练的一个过程。这一过程是一个螺旋上升的过程，在运动训练中，运动员遵循“刺激—反应—适应—再刺激—再反应—再适应”的规律，不断地提升运动训练水平。

（一）机体训练适应阶段

一般来说，运动员的运动训练适应阶段主要包括以下几个部分。

1. 刺激阶段

在运动训练的初期，运动员的机体需要接受来自各方面的各种刺激，这样才能更好地进入下一阶段。

2. 应答反应阶段

运动者在运动负荷的刺激下，机体内部各器官和运动系统的功能产生兴奋，并将兴奋传输到机体各个器官中，最后使整个机体都进入运动状态，以实现机体对外界运动负荷的生物应答反应。

3. 暂时适应阶段

在运动过程中，运动员的机体器官和系统持续接受刺激，并持续对这种刺激做出反应，经过一段时间的运动，运动员的机能就会进入良好的工作状态，在运动过程中的各项生理指标表现出稳定的状态，随着运动训练的继续进行，当机体某应答指标虽不再上升也能承受外部刺激时，表明机体已经适应了当前的运动刺激。

4. 长久适应阶段

长久适应阶段是使各相应的机能系统和组织器官，在全面增加和系统重复各种外部运动刺激的基础上进行较为明显的身体结构和机能方面的改造。主要表现为机体运动器官和身体机能的完善与协调。

5. 适应衰竭阶段

当运动员对自己的运动安排不科学合理时，会在运动过程中产生身体某些机能会出现衰竭的情况。例如，为了快速实现训练效果而不合理地加大运动量，使机体承受过度训练，遭受损伤。

（二）训练适应的特征

运动训练适应的特征主要包括以下几个方面。同时需要强调的是，这些特征都是较为显著的。

1. 定时性和阶段性

训练适应的过程是一个不断积累的过程，是以时间为基础的，在积累到一定程度时，训练适应形成，这便是其定时性。而在积累过程中，必定会存在着不同阶段，这充分体现出了训练适应的阶段性特征。

2. 针对性和特殊性

在不同的训练环境下，训练手段的不同，会在一定程度上导致运动员机体所产生的刺激不同，运动员对这种刺激所产生的适应性反应也不同，因而所形成的训练适应也不同。对于运动员来说，其生长发育具有波浪性和阶段性等特点。因此运动训练的安排要结合运动员的具体实际进行。

3. 可逆性和系统性

运动适应是一个长期的过程，这一过程具有一定的可逆性特点，如果运动训练时断时续，则会导致运动训练的适应性变化无法积累，运动能力也会受到影响。因此要注意运动训练中各阶段的联系，促使运动员参加系统性的训练。

4. 训练适应形成具有适宜刺激度

训练适应的形成，都有一个刺激的相对适宜的程度和相对适宜的持续时间。过大或过小、过长或过短的外部训练刺激都难以形成最佳的训练适应。因此，教练员一定要依据运动员的身心特点和运动水平选择适宜的运动刺激度。

第四节　教育学基础

一、相关教育理念

教育理念是教育学中的重要内容，不论是学校教育还是专业的运动训练，都涉及此方面的内容，因此在运动训练中，这方面的研究也是不可少的。

（一）纪律教育

根本上而言，竞技运动是一种身体活动游戏，竞争性、规则性及挑战性等是竞技运动的本质属性。竞技运动要求竞技行为必须规范，这主要反映在竞赛规则的文本中。所以，纪律性教育思想要求严格遵循规则。人类的天性本来就喜欢竞争，竞争给社会进步带来了不竭动力。在人类文明历史上，提供丰富的竞争形式与和平对抗的竞争规则是竞技运动的主要贡献。竞技运动的活动形态非常丰富，人们通过不同形式的活动而强身健体，竞技运动的法则非常严格，人们在活动中遵守规则，规范自己的言行，约束自己的不当言行。因此，竞技运动可培养人们的守法意识和习惯。

在竞技运动中，制定的相关比赛规则能为构建人类和谐、相互尊重、团结友爱的社会创造良好的示范，营造公平、公正的文明世界而服务是这种价值取向的终极目标。竞赛规则的制定，要将以上理念作为重要的法理依据。虽然竞赛规则毫无生气，文字陈述单调，但竞赛规则的正义理念不容挑战，即一切都必须公平、公正。竞技运动在不断发展，相应的，竞赛规则也在不断演变与更新，目的就是与日益发展的竞技运动的需求相适应，将竞技运动的价值理念更好地体现出来。

制定竞技运动的竞赛规则，必须达到严格、规范等要求。具有普适性的竞赛规则为比赛提供了统一标准和严格尺度，参与者人人平等。竞赛规则制定后并不是固定不变的，相反要不断修订，以便适应竞技水平不断提高的竞技运动的发展需要。

制定竞技运动的竞赛规则，必须贯彻普适性、针对性、公平性、规范性和操作性等原则，并达到这些原则的相关要求。在竞技比赛中，参与人员执行规则、规范行为都是以竞赛规则为依据的。

在人类社会发展的过程中，规则也是十分重要的，起着重要的作用。为了适应人类社会发展的需要，必须注意科学修改规则。在运动竞赛中，遵纪守法、遵守规则体现了对社会文明和秩序的维护，有助于促进社会发展。在运动训练的组织中、运动竞赛的战术安排中以及日常作息中，都应该严格遵守相关要求与制度，这是严格执行竞技规则的主要反映。

在篮球训练与比赛中，应将纪律性教育思想作为基本的运动理念，在这一思想基础上对运动员的竞技能力和潜力进行挖掘，使其创造优异的运动成绩。所以，在篮球训练中，必须要大力倡导纪律性教育理念，教导运动员维护良好的纪律和秩序。

（二）情感教育

情感是心理学中的重要研究内容，可以说，人的情感会在很大程度上影响本身的认知活动、实践活动。在篮球教学中，情感这个变量因素也对整个教学活动产生至关重要的影响。学生学习篮球的动机主要来源于内在需要，在篮球教学中教师要积极体察，开发学生的内在需要，如情感需要、认知需要等，以充分满足学生的学习需求。在专业的篮球训练中也应如此。

除此之外，体育教师还要认真思考与研究如何使学生对自己的运动潜力有一个正确的认识，如何激发学生的运动动机，如何鼓励学生以积极的情感参与篮球练习，并克服消极学习情绪，如焦虑、自卑等。在篮球教学过程中，情感教育是一个不可缺少的内容，将情感教育融入篮球教学中，要对学生的学习态度、自尊、情绪及情感予以关注，对学生的个人发展需要、情感互动关系给予关注，这对于学生的全面发展具有重要的意义。

“育人”可以说是情感教育的关键，在篮球训练中，也要适当地加强运动员的情感教育，培养运动员的情感素质，促进其情感素质的提高。这里所说的情感素质指的是个体情性方面的心理素质，是个体在实践中受先天遗传因素、后天环境因素的共同影响而形成的积极的情感心理特征，运动员的情感素质具有相对稳定性，其主要包含了人际情感、道德情感、审美情感、理智情感、生活情感等多种多样、错综复杂的内容，加强以上内容的培养对于运动员的长远发展具有积极的意义。

（三）开放教育

开放教育也是一种非常重要的教育理念。在现代社会快速发展的背景下，科技在教育教学中的应用越来越普遍，现代化教育水平得到显著提升。在教育教学中树立开放教育理念是适应时代发展需要的重要体现。传统教育模式偏于教条化，相对较为封闭，活力不足；树立开放教育理念有助于改革传统教育模式，提高课堂教学的开放性，优化课堂教学效果。开放教育理念应贯穿于教学过程的始终，应体现在教育教学的各个方面，如教学目的、教学内容、教学环境、教学资源、教学方式、教学风格等教学要素都要体现开放性特征。

总体而言，开放教育理念的核心思想是“以人为本”，反映在篮球训练中，也要坚持以人为本，以运动员为本，围绕运动员实施开放性教学，探索开放的、与时代发展相符合的训练模式，促进运动员训练水平的提升。

（四）创新教育

创新教育理念的提出对于学校教育的发展具有非常重要的意义。

创新教育的内容比较丰富，包括发现教育、思想教育、人格教育、心理教育等，不管是哪种教育，它的核心都是培养学生的创新创造能力。创新教育理念的提出与落实还充分体现了对素质教育理念的全面贯彻，能有效地促进学生创新能力的提高。

将创新教育理念应用于运动训练之中也是非常重要的。在具体的篮球训练中，要将创新教育理念贯彻整个训练过程的始终，这对于运动员训练水平的提升具有十分重要的意义。

(1)教练员要树立现代教育的先进思想和理念，改革传统的灌输式教学形式，积极引导学生主动参与学习与训练。

(2)制定科学合理的篮球训练计划或方案，选择的训练内容要有利于激发运动员训练的积极性，创新训练方法，从而活跃课堂氛围，改善训练环境，促进运动员创新能力的提升。

(3)教练员要在平时多参加各种各样的培训活动，使自己的教学与训练能力和综合素养达到素质教育理念、创新教育理念的要求。

二、培养目标与教育模式

(一)确定合理的培养目标

运动训练既体现一般的教育规律，又有自身的特性。因此篮球训练遵循一般教育规律是尤为必要的。我国在竞技运动训练中，提出了明确的训练目的，但竞技运动的培养目标有不同的类型与层次，如学校竞技体育与整体竞技体育的培养目标是有差异的。而且在不同训练时期，也有不同的培养目标和培养模式。可见，只有在不同阶段的训练中，不断完成训练任务，落实培养目标，才能培养出高水平的运动员，这一点非常重要。

在具体的篮球训练中，依据运动员的特点与具体实际确定合理的培养目标是十分重要的。这一意义主要体现在以下方面。

(1)确定运动员的培养目标，能够使篮球训练的目的更加具体和明确。

(2)确定训练内容，制定训练计划时都要以培养目标为依据。换句话来说，在不同训练阶段都要围绕本阶段的培养目标来深入开展相关工作。

(3)组织机构部署训练工作,开展服务工作,检查服务质量等都要以运动员培养目标作为前提条件、重要依据和主要尺度。

(4)教练员对训练过程进行监控,要以运动员培养目标为科学依据。

(5)监控运动员的训练质量也要以运动员培养目标为终极指标,这一方面是非常重要的。

(二)确定理想的培养模式

1. 运动员培养模式的概念

教育模式的建立对于学校教育来说非常重要,而对于运动员来讲,建立一个良好的培养模式则是十分重要的。所谓的运动员培养模式就是指以教育思想为方向,以教育结构为基础,以教育体制为条件,以教育机制为保障,以人才培养为核心,以特定的训练思想、方针、理论、目的和任务为依据,为促进运动员培养目标实现而采取的集系统性、规范性于一体的制度、机制和措施的总和。构建一个合理的运动员培养模式对于运动员运动水平的提升具有重要的意义。

2. 运动员培养模式的要素

一般来说,运动员培养模式主要包括以下基本要素。

(1)培养目标。培养目标是运动员培养模式的根本要素,确定运动员培养目标时,要以不同类型、层次项目的实际情况及发展要求作为重要的依据。

(2)基本规格。基本规格是运动员培养模式的主体要素,培养对象应该具备哪些知识、能力和素质,应该达到什么样的运动成绩等,都应该在基本培养规格中说明。

(3)培养过程。培养过程是运动员培养模式的关键要素,培养过程具体包括三个阶段,即规划、实施和监控。

(4)评价体系。评价体系是运动员培养模式的保障,主要就是检查运动员培养计划的完成结果和实施质量。

3. 运动训练培养模式的内容

运动训练培养模式主要包括以下几方面的内容。

(1)专项大纲模式

①全面大纲模式。该模式在基础训练阶段、专项初级阶段中运用得较多,主要强调全面性的专项训练。

②专门大纲模式。该模式在专项提高阶段、成绩保持阶段中运用得较多,主要强调针对性的专项训练。

(2)训练计划模式

①刚性计划模式。该模式在基础训练阶段、专项初级阶段和集体项目训练中运用得较多,强调按照统一标准进行整体训练。

②弹性计划模式。这一模式在专项提高阶段、成绩保持阶段、个人项目训练中运用得较多,强调在区别对待的基础上进行个体训练。

(3)训练内容体系

一般来说,训练内容体系主要包括身体机能训练、身体素质训练、技战术训练、心智能训练等多方面的内容。以上这些内容也是运动员竞技能力的重要结构要素,加强这几个部分的训练十分重要。

各项训练内容与训练过程的时空搭配是运动训练中需要重点考虑的问题,这对运动训练的进程有直接的决定性作用。因此,一定要构建一个完善的篮球训练内容体系,为运动训练水平的提升奠定必要的基础。

(4)非训练培养途径

运动训练课以外的各种学习和实践活动就是非训练培养途径,在智力训练中,主要采用这种培养途径。因此,这也是竞技运动训练模式的重要组成部分。非训练培养包含一定的管理方式,培养的效果直接受管理工作质量的影响。

第三章　篮球技战术训练的科学原理与方法

篮球技战术训练的科学原理与方法是从篮球运动训练的实践中总结和提炼出来，概括了篮球运动训练发展的规律，最终又被作为方法论运用到指导篮球运动训练中去。篮球技战术训练的科学原理与方法对于提高训练的效率，提升运动员的训练效果，具有非常重要的意义。本章将从篮球技战术训练的科学原理、基本原则、常用方法三个角度，对篮球技战术训练的科学原理与方法作具体阐述。

第一节　篮球技战术训练的科学原理

一、周期训练理论

周期性是运动训练最基本的规律之一。它的实质在于将整个训练过程按照科学的依据分成数个训练周期，并以周期为基础将整个训练的任务、方法和手段系统化，保证各个训练周期之间的连贯性，做到一般训练和专项训练的统一，逐渐增加运动负荷和采用大运动量训练的统一。周期性训练理论揭示了训练适应性的形成规律，竞技状态发展规律，机体疲劳与恢复规律之间的内在关系，正是这些关系存在的客观事实决定了运动训练必须要遵循周期性的规律进行。

（一）训练适应原理

1. 训练适应原理的定义与作用

（1）训练适应的定义

适应指的是机体的内部环境不断适应机体外部环境的变化，并使两者达到平衡的过程。训练适应指的是在运动员运动训练的过程中不断对机体施加更大的负荷，而运动员的机体和心理受到负荷的刺激，不断进行调整变化并最终适应被施加的负荷的过程。这种在运动过程中通过改变身体受到的负荷而使外环境发生变化，并最终使得机体和心理和变化的外环境之间达到平衡的过程就叫作训练适应。

(2)训练适应的作用

训练适应是人体机能不断提高的生物学基础。机体能够在训练适应的过程中，逐渐实现肌肉活动的能量消耗越来越少，对内环境恒定的破坏越来越小，维持肌肉能源物质的平稳性越来越强。也就是说，随着机体对训练的适应程度不断加深，机体的素质不断提升，能够适应的负荷不断增加。

训练适应是发展竞技状态的生物学前提。良好的竞技状态是运动员的身体机能、身体各器官的状态、运动技术、运动战术、运动心理等各个方面都达到良好的水平且彼此之间协调配合的结果。而在运动训练的过程中，会出现短暂性的竞技状态的消失，这是训练适应性衰退的表现。但是这种反适应性衰退能够促进运动员身体机能的恢复，帮助运动员进入下一阶段的训练适应，使得运动员形成更高水平的竞技状态。

训练适应规律是运动训练理论的生物学基础。运动训练的过程就是机体不断对施加的运动负荷产生适应性反应的过程，因此希望通过运动训练实现对人体形态结构的改变，对机体能力的提高和对竞技能力的发展多必须要以训练适应规律为生物学基础。运动训练理论只有在训练适应原理的生物学基础上，融入其他运动训练的客观规律原理，才能成为运动训练的科学指导原则。

2. 训练适应的特点

(1)训练适应具有普遍性

训练适应的普遍性是指训练适应发生在运动训练的各个方面，包括运动员的技能、运动员的身体素质、运动员的技术、运动员的战术、运动员的心理等。

(2)训练适应具有特殊性

运动适应的特殊性指的是对身体施加不同种类的运动负荷，在身体上发生的适应性变化具有特殊性。

(3)训练适应具有异时性

训练适应的异时性指的是身体对负荷产生适应性反应需要一段时间，而且身体各个方面产生适应性反应的时间也不尽相同。其中，比较能体现训练适应的异时性的是，机体机能对负荷产生适应性反应的时间一般要比身体结构对负荷产生异时性反应的时间早。

3. 训练适应的生理机制

(1)超量恢复

运动训练的过程中，身体的物质能量不断被消耗和重新恢复。当恢复的身体物质能量的量超过被消耗的量的时候，就说明身体机能对施加的负荷产生了适应性反应，即身体机能正在提高。

(2)生理应激

训练适应的过程从生理应激的角度来说，整个过程可以概括为：对刺激的直接反应和代偿性反应、对刺激的部分适应或者全适应、刺激停止后的恢复过程。而训练适应一方面是提高或者降低了神经系统以及其他组织和器官对刺激的感应阈，另一方面又增加了机体的代偿机能。

(3)综合

从整体观点出发，把超量恢复理论与应激学说结合起来，把神经、激素、酶各方面综合起来，在物质和能量代谢水平上、细胞结构水平上、整体机能水平的调节上阐明运动，并和篮球运动的科学训练安排结合起来，使运动员在训练的过程中达到最大限度的机能适应，从而提高竞技能力。

(二)竞技状态的形成原理

1. 竞技状态的定义与形成标志

(1)竞技状态的定义

竞技状态是指运动员达到最佳竞技能力的最适宜的准备状态。

(2)竞技状态形成的标志

①机体器官功能水平达到当时能够达到的较高水平，机体活动能够实现器官功能的节省化。

②技战术达到较高的水平。

③运动员做好运动训练的心理准备，想要参加运动训练的情绪高涨，意志力水平高。

④运动员的身体机能、运动技术、运动战术、运动心理除了水平比较高之外，各方面还形成协调的配合，使运动员在训练和比赛中表现出来的整体素质较高。

2. 竞技状态的形成与发展

竞技状态的形成与发展是一个连续的、动态变化的过程，主要包括三个主要的发展阶段。

(1)第一阶段

第一阶段的主要任务是对决定竞技状态的各种竞技能力进行训练，以便使运动员初步形成竞技状态。第一阶段中又包括两个更加具体的阶段，前一个阶段是“形成竞技状态的前提条件”的阶段，其中前提条件是指“运动员的机能水平不断提高、运动素质得到全面的发展、运动员形成基本的运动技术和运动战术、运动员形成健康良好的运动心理”。这个阶段运动员形成竞技状态的前提条件正在逐渐培养和形成的过程中，尚未和运动员的机体形成统一协调的整体。后一个阶段是“初步形成竞技状态”的阶段，进入这一个阶段表示竞技状态的前提条件已经具备并且与运动员的机体形成协调配合的统一整体，运动员已经初步形成了竞技状态。

(2)第二阶段

第二阶段是保持和发展竞技状态的阶段。第二阶段的主要任务是指在平时的运动训练过程中，采取合适的手段和方法，进一步发展或者保持运动员的竞技状态；并且在运动员参加重大赛事之前，对运动员进行赛前调控或者赛前热身等，使运动员达到最佳的竞技状态。这个阶段的特点是，运动员的竞技状态水平已经较高并且比较稳定，在进入重要的比赛时，运动员的竞技状态往往能够达到最佳的水平。

(3)第三阶段

第三阶段为竞技状态暂时消失的阶段。运动员的竞技状态会在该阶段出现短暂性的消失，运动员会在这一阶段内进行状态的调整，恢复身体的各方面机能。第三阶段是运动员进行修整并为下一个阶段的训练和比赛做准备的重要阶段。

3. 竞技状态的构成因素

竞技状态的构成因素包括稳定类因素和不稳定类因素两种。

(1)稳定类因素

稳定类因素指的是运动员机体在形态、生理、生化和心理方面的状态。这些因素是运动员在长期的运动训练的过程中逐渐形成的,具有短时间内不易消失、比较稳定的特点。稳定类因素对于运动员竞技状态中的体能状态、运动心理状态和肌肉能力状态的形成具有基础性的作用。

(2)不稳定类因素

不稳定类因素主要指的是中枢神经系统的工作能力。这种工作能力指的是中枢神经系统能高度兴奋、集中和紧张,并且兴奋和抑制能够有效地转换。中枢神经系统的变化很容易受到外界变化的影响,并且会在外界的影响之下发生响应、快速的反应,会对运动员的竞赛状态产生极大的影响。

竞技状态构成中的稳定因素和不稳定因素是相互影响、相互联系的关系。人体的中枢神经系统能够支配人体各运动器官和内脏器官的工作,也就是说,运动员的机能水平、运动技战术水平以及心理状态都会受到中枢神经系统的支配,只有两者都处于较高的水平,并且形成协调、高效地配合,运动员才能够达到最佳的竞技状态。

4. 竞技状态的表现方式

关于竞技状态的表现形式我们可以从不同的角度进行解读。

(1)从竞技状态持续的时间的长短的角度

按照竞技状态持续的时间的长短,我们可以将其分成长期、中期、短期和瞬时竞技状态。

长期竞技状态是指,运动员在多年或者年度运动训练过程中,展现出来的竞技状态的平均水平或者最高水平;

中期竞技状态是指运动员在年训练中的每个训练时期或者训练阶段中表现出来的竞技状态;

短期竞技状态指的是各阶段中周期训练中的各小周期训练和小周期中的各日训练中表现的竞技状态;

瞬时竞技状态指的是日训练中的训练课或者临赛进行中所表现的竞技状态。

(2)从竞技主体的范围

按照竞技主体范围的大小,我们可以将竞技状态分成个体竞技状态和集体竞技状态两种。

个体竞技状态指的是某个运动员个体呈现出来的竞技状态;

集体竞技状态指的是在某项集体运动项目中,所有运动员形成的集体表现出来的竞技状态。集体竞技状态不是该集体中各个运动员的竞技状态的简单相加,还取决于各个运动员的竞技能力及其表现方式之间的最佳联系。

(三)疲劳产生的原理

1. 疲劳的定义与发展过程

(1)疲劳的定义

疲劳是机体生理过程不能持续其机能在一特定水平或各器官不能维持预定的运动强度的现象。

(2)疲劳的发展过程

疲劳的发展是一个动态变化的连续过程,呈现出以下特点和规律。

①在人体进入疲劳状态时,机体能力的降低呈现出时相性和阶段性的特点。

②机能能力的降低和疲劳的发展过程之间并不存在正比的关系。

③影响疲劳发展的因素是多样的,因此在疲劳发展的初期阶段,机能能力可能会出现恢复的现象。

④疲劳发展到最后阶段,人必然会进入筋疲力尽的状态。

2. 过度疲劳与过度训练

运动训练中,运动员机能水平的提高过程就是不断对运动员施加更大的运动负荷,运动员的机体又对这些运动负荷产生适应性反应的过程。在不断对运动员施加更大的运动负荷时,运动员难免会产生疲劳感,而适量的疲劳感正是运动员提升竞技水平的基础。值得注意的是,适量的疲劳感不会对身体造成损害,并且可以通过调控使身体恢复。但是如果对机体施加的负荷超过了机体的承受能力,就容易造成机体的过度疲劳,对机体造成不同程度的损害。

过度疲劳可以分成体力性过度疲劳和心理性过度疲劳两种。其中，体力性过度疲劳主要是指在运动训练中，因长期接受刺激强度过大、时间过长、节奏过于单调的训练负荷，而带来的身体机能及神经功能调节紊乱和运动支持器官及内脏器官组织改变，并导致思维及活动能力降低的现象。引起体力性过度疲劳的原因主要包括：

(1)连续进行高强度和大运动量的运动训练，并且没有安排适当的休整和恢复性训练；

(2)在身患疾病或者身体不适的情况下继续参加运动训练，或者参加不科学、不系统的运动训练；

(3)从冬训转为春训的时候，训练安排不合适；比赛或者训练之后未进行科学合理的调整。

心理性过度疲劳是指在运动训练和竞赛中，因长期精神负担过重，神经紧张过高，思想压力过大并且节奏过于单调，而带来的身体机能特别是神经功能调节紊乱和各器官系统组织改变，并导致机体能力特别是神经系统的工作能力降低的现象。心理性过度疲劳除了受到心理因素的影响，还和一种逆转录病毒的免疫异常相关，免疫系统产生过量的细胞因子也会造成心理性过度疲劳。

过度训练除了受到训练方法的影响，还受到生活方式和运动员原本的身体条件等各方面因素的影响，具体内容见表 3-1。

表 3-1　造成过度训练的因素①

训练方面	生活方面	健康方面
不合适的训练方法	生活作息不规律	感冒发烧
训练内容单一重复	睡眠不足	扁桃腺炎
过大的负荷强度	过量抽烟或饮酒	肠胃炎
过大的负荷量	过量看电影或电视	卵巢炎
恢复时间不充足	居住环境不合格	各种传染性疾病
不合适的恢复方法	工作学习过于紧张	
过于集中频繁的比赛	和队友或他人之间出现	

① 陈树华，许永刚．篮球运动训练理论与方法[M]．广州：广东高等教育出版社，2000.

续表

训练方面	生活方面	健康方面
过高的训练目标	人际交往问题	
生病后过早恢复训练	爱情遇挫	
	家庭负担重	
	营养不良	

二、篮球运动训练的调控理论

(一)超量恢复原理

1. 超量恢复的定义

超量恢复是指,在运动训练结束后的恢复阶段,被消耗的物质能量不仅恢复到原有的水平,而且在一段时间内会超过原有水平。超量恢复能够保持一定的时间,之后物质能量又会恢复到原有的水平。

2. 超量恢复的特点

(1)在合理的负荷范围内,身体所承受的负荷量越大,消耗能量的过程越激烈,则发生的超量恢复也越明显。但是如果在运动训练过程中,施加的负荷超过了机体所能承受的最大水平,则不仅无法发生超量恢复,身体恢复需要的时间还会变长。

(2)超量恢复除了受到训练过程中对机体施加的负荷的影响,还取决于在训练之后是否对机体进行了合理的恢复训练和减量训练。

(3)机体在承受负荷量和负荷强度之后产生的超量恢复效果是不同的。

(4)训练内容和训练手段之间的差异性、负荷和消耗的物质能量之间的差异性,最终都会导致发生的超量恢复具有异时性的特点。

3. 超量恢复理论在调控中的作用

超量恢复产生的能量物质超过了原有的水平,能够保证再次重复进行较大负荷的运动训练时，物质能量不会被完全消耗殆尽，是对能源物质再次耗尽的一种预防性、保护性机制。超量恢复理论已经经过运动训练实践的检验，在运动训练中产生着重要的作用。

比如人们在间歇性训练中，根据超量恢复理论的规定，设置了合适的间歇时间，一方面能够保证训练负荷对机体产生刺激，另一方面又能够保证机体的物质供应。人们还根据超量恢复理论，制定了肌糖原填充法，即在一周的时间内，前 3 天实行高蛋白、高脂肪、低糖的饮食，通过使肌糖原下降的方式提高肌糖原的活跃水平，在后面的 3 天时间内，实施高糖的饮食，增加体内肌糖原的含量。在这一周的时间内进行一定的运动训练，但是注意要尽量减少肌糖原的消耗，使得体内肌糖原的含量处于一个正的峰值，为超量恢复提供条件，以此来提高运动员的竞技能力。

（二）应激性原理

1. 应激的定义

应激是指当人们的机体或者心理受到一些异常的刺激的时候，人们所表现出来的一种紧张的心理状态。在运动训练领域，有一种“超量负荷原理”，即当机体适应某种负荷时，要通过继续增加负荷的方式打破原有负荷和机体之间的平衡，促使机体不断适应更高水平的负荷，从而提升机体能够承担的负荷水平，提高运动员的竞技能力，而应激学说正是人们提出“超量负荷原理”的生物学基础。

2. 运动应激的特点

运动应激可以分成三个阶段，每个阶段都有各自的特点。

（1）动员阶段

动员阶段就是身体的各个系统都发生相应的反应的阶段，如心率加快、肾上腺素分泌增加等，在运动中的表现就是晨血尿素增加，尿胆原增加。

（2）适应阶段

激素源产生代偿反应，心率降低，肾上腺皮质肥厚，运动员晨血尿素减少，血红蛋白上升。

（3）衰竭阶段

衰竭阶段一般发生在继续对身体加大负荷的情况下，这时候激素源继续发生强烈的作用，机体由适应负荷的阶段转为动员各系统适应新的大负荷的阶段，当机体的能量物质完全被耗尽的时候，就说明对运动员进行了过度的训练，容易使运动员产生过度疲劳。

3. 应激在训练调控中的作用

在运动训练中遵循应激学说，一方面是可以防止在训练中将机体的物质能量消耗殆尽，造成过度训练的局面，使运动员陷入过度疲劳的状态；另一方面是可以在恢复的过程中，根据应激学说这一生物学基础，改善酶的活性和细胞的通透性，对恢复过程进行科学的调整，加强合成代谢，提高适应水平。

运动应激提高人体机能的适应过程一般包括：肌体能源储备能力、机体调节能力和机体防御能力等。而运动应激的核心是激素调节，即由激素调节引起酶活性改变和机能储备提高，以及机体免疫能力提高等适应过程。

（三）恢复性原理

1. 恢复过程

恢复过程是指人体的机能水平和物质能量水平在经过运动训练之后的下降之后，恢复或者超过原来的水平的过程。

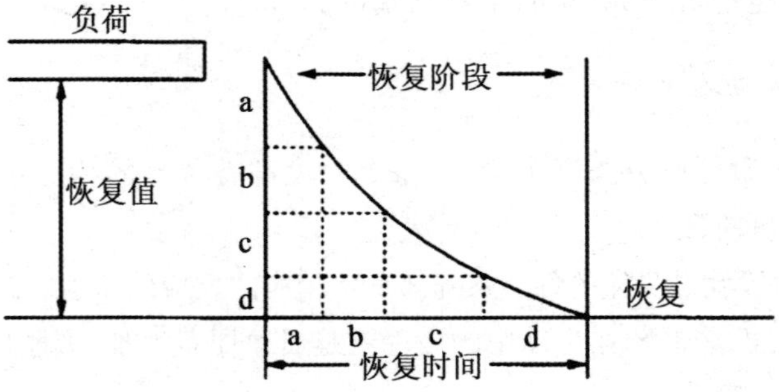

图 3-1 机体在运动训练之后的恢复过程①

① 陈树华，许永刚．篮球运动训练理论与方法[M]．广州：广东高等教育出版社，2000.

从图 3-1 我们可以看出，将整个运动恢复的过程分成 a、b、c、d 四个阶段，其中 a、b 两个阶段的恢复速度明显比 c、d 两个阶段的速度快。从理论上说，在训练之后等机体完全恢复到原来的水平之后再进行下一阶段的训练是最佳的，但是在运动训练的实践中，运动员往往要在一定的时间内进行多次训练，比如优秀的运动员要在一天的时间内进行 2～3 次的训练，这样是没有充足的时间等到机体完全恢复的。所以在实际的运动训练中，往往在恢复的 c、d 阶段，运动员就开始加大负荷进行下一阶段的训练了。

2. 身体机能恢复的异时性

身体机能各方面恢复的时间具有异时性的特点，即各方面恢复的时间不同，这种异时性为安排和调控运动训练提供了科学的依据。

(1)不同能源物质恢复的异时性

不同能源物质的恢复呈现出异时性的特点，这里我们以 ATP—CP 和乳酸系统供能的篮球活动为例，了解在这种状况下不同能源物质的恢复时间。

ATP—CP 的恢复时间为 2～3 分钟；

肌糖原的恢复时间为 1～46 小时；

蛋白质的恢复时间为 6～48 小时；

脂肪的恢复时间为 48 小时以上。

(2)不同器官恢复的异时性

各个器官的具体恢复顺序为大脑和中枢神经—心血管系统—肌肉和心理。

(3)运动负荷对恢复时间的影响

不同的运动负荷会造成机体恢复的异时性。一般来说，机体承受的负荷越大，恢复的速度越慢；在负荷量不变的情况下加大对机体的负荷强度，和在负荷强度不变的情况下对机体增加负荷量，前一种状况下机体的恢复速度比较快。

(4)运动员的训练水平对恢复时间的影响

不同训练水平的运动员的机体恢复时间具有异时性。一般来说，训练水平越高的运动员机体恢复需要的时间越短。

3. 恢复在训练调控中的作用

根据恢复过程的规律，运动训练的实践中包含两种恢复类型，分别是完全恢复和不完全恢复。前者是指在身体机能完全恢复或者超过原有的水平的时候再进行下一阶段的训练;而不完全恢复指的是在人体机能已经大部分恢复,但是尚未完全达到原有水平的情况下就进行下一阶段的训练。两种恢复类型的使用情境也有差别,完全恢复一般被用在技术训练、比赛训练、注意力训练、协调能力训练、最大力量训练、反应能力训练、速度训练中;而不完全恢复一般被用在速度耐力、力量耐力、一般和专项耐力、意志力训练中。

根据恢复的性质,还可以将恢复分成生理恢复和心理恢复两种。其中,生理恢复受到年龄、性别、运动状态、训练经验等内部因素和气候、地区、海拔等外部因素的影响。并且,肌肉细胞重新动员的速度是神经细胞重新动员速度的7倍,所以,在恢复的过程中,要特别注意神经和心理的恢复状况,只有控制运动的神经中枢系统重新达到或者超过原有的水平,运动员在下一个训练阶段中的注意力、协调能力和反应能力才能够得到保障。

恢复过程具有异时性的特点,即机体各项机能发生恢复和超量补偿的时间具有差异性,并由此产生了一个问题:下一个阶段的训练负荷要以哪一项指标为依据安排呢?经过实践证明,可以在恢复性原理的基础上,针对不同的指标,为运动员安排不同量、度和锻炼不同机能的训练负荷。

在运动训练的过程中,可以根据恢复性原理揭示的恢复过程的特性和时间,根据机体水平的不同状况合理安排训练计划和训练方法,达到最佳的训练效果,提高运动训练的效率。

第二节　篮球技战术训练的基本原则

一、全队训练与个人训练相结合原则

(一)概述

篮球运动是一项集体运动,其突出的特点就是特别注重集体性,无

论是在对运动员的思想教育上，还是技术和战术能力的培养上，都以团队为基础展开。全队训练是由篮球运动的集体性特征决定的，即将队员组织起来进行集体训练，在提高运动员个体竞技能力的基础上，培养队员之间在篮球技术和战术配合上的默契，提高球队的整体竞技能力。

个人训练是根据运动员的生理和心理特点、技术水平以及位置需要展开的长期训练，目的是提高运动员的竞技能力。个人训练是篮球运动训练的基础，个人的竞技能力对团队整体的竞技能力具有至关重要的影响。篮球比赛中，会根据每位队员擅长的技术和战术，为运动员安排不同的位置，全队技术和战术的实施都依靠在不同位置的运动员个人技术和战术的发挥。

（二）依据

全队训练和个人训练相结合原则的依据有以下几点：

（1）篮球运动具有集体性的特点，队员之间的默契配合在比赛中尤为重要，只有针对队员之间的配合度展开专门性的科学训练，才能保证队员之间能够形成协调的技战术配合。

（2）运动员之间存在个体差异，不仅每个人的初始条件不同，训练发展的过程中也会出现各种差别，必须要尊重运动员的个体差异，展开针对运动员个体特点的个人训练才能取得理想的训练效果。

（3）篮球比赛中每位运动员所处的位置不同，各个位置要求的技术和战术也不相同，需要根据位置需要展开专门的技术和战术训练。

（4）个人训练是全队训练的基础，全队训练是对个人训练结果的总结和提升。

（三）要求

贯彻全队训练和个人训练相结合原则具有以下要求：

（1）在了解本队总体风格和特点的基础上，以发扬本队的优势、规避本队的劣势为根本目标，制定最适合团队的战术方案，并组织不同战略下的各种阵容结构。

（2）要充分了解每位运动员的特点和优、劣势，为运动员安排合适的位置，做到扬长避短。

（3）正确处理两种训练之间的关系。在进行全队集体训练的同时，要兼顾每个运动员在训练内容和训练方法上的不同;在进行个人训练的同时,除了要突出个人技术、战术上的特点,也要兼顾整体要求。

二、训练与比赛相结合原则

(一)概述

训练与比赛相结合是指在篮球运动训练过程中按技术、战术训练要求,通过比赛检验训练,发现问题,同时提高运动员在比赛中运用技术的能力,熟悉战术配合打法。通过比赛使运动员获得比赛经验,提高竞技能力。①

(二)依据

训练与比赛相结合原则的依据有以下几点:

(1)"比赛—总结—训练"的训练发展规律。比赛除了是运动训练的目的,也是运动训练中的一个重要环节。通过比赛可以对运动训练的结果进行检测,发现训练过程中存在的问题,便于在下一个阶段的训练中有针对性地对训练内容和训练方法进行改进。

(2)比赛是训练的最终目的。训练是为了进行实战而开展的,而比赛则是实战的最高表现形式。训练不能脱离实际进行,必须要根据比赛的规则和要求进行训练。比赛是训练的最终目的,训练根据比赛进行,比赛又反过来促进训练的改进,两者之间是紧密联系、相互促进的关系,因此必须要使训练和比赛相结合。

(二)要求

贯彻训练和比赛相结合原则具有以下要求:

(1)对技术和战术的训练要灵活。比赛就是运动员综合运用各种技术和战术的过程,而近年来的篮球比赛越来越突出一个"快"字,即赛场上的形势一直处于快速变化之中,这要求运动员要具备准确的判断能力

① 刘云民,王恒. 篮球教学与训练[M]. 哈尔滨:哈尔滨工程大学出版社,2015.

和灵活的应变能力，及时根据赛场情况的变化转变技术和战术。为了达到这种要求，教练在平时的运动训练中，要以提高运动员的反应能力为目的，增加技术和战术训练的灵活性。

(2)做到技术和战术的紧密结合。技术是战术的基础，在运动训练中第一步就是要培养运动员的技术，使得运动员能够掌握并且熟练使用技术。战术是对技术的更高要求，即在运动员能够掌握并使用技术的基础上，要求运动员能够根据赛场上形式的变化，战略性地使用技术。在运动训练中要注意培养运动员将技术和战术紧密结合的能力，使运动员既能根据赛场上的情况制定合理的战略，又能在战略的指导和要求之下娴熟地选择和使用技术。

(3)正确处理训练和比赛的关系。一方面，比赛是训练的目的，训练所形成的技术和战术都是为了能够取得比赛的胜利而进行的，为了满足比赛需要，训练必须依照比赛的规则和要求进行；另一方面，比赛又能够为训练服务，比赛能够对训练的结果进行检测，展现运动员技术和战术上的不足，为后续的运动训练提供依据。要正确认识、处理比赛和训练之间的关系，最终实现竞技能力的提高。

三、合理安排运动负荷原则

(一)概述

运动负荷是指在运动训练的过程中通过各种训练方法和手段对机体施加的刺激。负荷是训练存在的必备条件，训练效果是通过不断对机体施加更高水平的负荷实现的。

对身体施加的运动负荷必须要在适量的范围之内，适量的运动负荷能够使机体在不断发生适应反应的过程中逐渐提高机能水平。而当施加的负荷量不足的情况下，身体受到的刺激不足，无法实现机能水平的提高。当对身体施加的负荷量超过机体所能承受的最大水平的时候，容易对机体造成损害，严重的情况下还会使运动员无法继续运动生涯。因此，在运动训练的过程中必须要遵循合理安排运动负荷的原则，通过科学施加运动负荷实现机能水平和运动技能的提升。

（二）依据

合理安排运动负荷原则的依据有以下几点：

(1)超量恢复原理。超量恢复原理是指，机体在承担一定的运动负荷时，会大量消耗体内的能量物质，之后使机体开始休息，就会进入恢复阶段，恢复的机体水平和体内物质能量的水平超过原有水平的情况下，就是发生了超量恢复。在合理的范围内，对机体施加的负荷越大，则发生的超量恢复越明显。

(2)生物适应的规律。在对机体施加运动负荷时，机体会有一个适应的过程，这个过程同时也是机能水平提高的过程。但是在机体适应这一负荷之后，机能水平就不会再继续提高，若想实现机能水平的进一步提高，就要继续增加负荷，对机体产生更大的刺激，这样才能实现机能水平的继续提高。

（三）要求

贯彻合理安排运动负荷原则需要遵循以下要求：

(1)要循序渐进地增加负荷。机能水平的提高非一日之功，在运动训练的过程中，要遵循循序渐进的规律，逐步增加训练的负荷，这样能够保证在提高运动员技能水平的情况下不会因为负荷过量而对运动员的机体造成损害。

(2)正确处理负荷和恢复之间的关系。负荷之后的恢复是运动训练中必不可少的一个环节，并且越来越受到人们的重视。在负荷训练之后必须要安排充分的时间，采用合理的方法和手段进行恢复训练；同时，恢复也是进行下一个阶段的负荷训练的必要条件。

(3)正确处理负荷量和负荷强度之间的关系。一般来说，负荷强度对机体产生的影响要比负荷量明显，但是要注意只有经过一定的量的积累才能增加负荷强度。同时，在增加了一定的负荷强度之后就要适当地减少负荷量。

(4)负荷的安排要结合篮球运动项目的特点。在分析篮球运动训练特点和规律的基础上，根据不同的训练时期和不同的训练任务有针对性地安排负荷。通常情况下，训练时期的负荷特点为负荷量比较大，负荷强度比较小；而竞赛时期，负荷的量比较小，负荷的强度比较大。

(5)加强医疗监督和损伤知识教育。运动员因为训练负荷不合理而受伤是常有的事情,因此要在运动训练的过程中为加强医疗监督,及时为受伤的运动员提供医疗服务;同时要对运动员进行损伤知识教育,使运动员具备预防和简单损伤处理的能力。

四、自觉性和积极性原则

(一)概述

自觉性和积极性原则是指,教练员要在运动训练的过程中将运动训练的目的告知运动员,并采取各种方法激发运动员的自觉性和积极性,使运动员深刻认识参加训练的目的,自觉积极地进行训练,独立而有创造性地完成训练任务。

(二)依据

自觉性和积极性原则具有以下几点依据:

(1)运动训练的作用不单纯是提高运动员的竞技能力,使其在比赛中取得理想成绩,更是要通过训练过程全面提升运动员的身体和心理素质,使其成长为一个全面发展的人才。

(2)运动员的思想和心理也是其竞技能力中非常重要的一个部分,而自觉性和积极性是思想和心理中的重要内容。

(3)我们可以从需要与人的行为相统一的原理中得出:动机是引发创造的前提,而自觉性和积极性正是运动员动机的体现,只有具备自觉性和积极性才能取得理想的训练和比赛结果。

(4)运动训练是教和学的统一,只有运动员自觉、积极地接受训练,才能实现运动训练中"教"和"学"两个方面的价值。

(5)运动训练是一个艰难的过程,需要运动员具备良好的心态和坚忍的意志,而自觉性和积极性是形成良好心态和坚韧意志的基础,能够有效冲淡训练的艰苦。

(三)要求

贯彻自觉性和积极性原则需要遵循以下几点要求:

(1)教练要在运动训练的过程中采用启发教育的方法和各种有效的手段,使运动员建立起对训练目的和训练任务的正确认识,激发运动员的自觉性和积极性,使运动员形成对运动训练的积极、自觉态度。

(2)以训练的内容、手段和方法作为切入点,建立各种丰富的形式,提高运动员对运动训练的兴趣。

(3)了解和理解是产生自觉性和积极性的前提,教练员要使运动员知悉训练的具体任务和要求,帮助运动员形成属于个人的目标,以激发运动员的训练自觉性和积极性。

(4)教练在制作训练计划的时候要以运动员的实际水平为准,根据运动员的实际水平确定训练的内容、训练的方法和手段、训练的负荷,与运动员水平相匹配的训练计划更有助于激发运动员的自觉性和积极性。

(5)制定合理的考核计划,定期或不定期对运动员进行考核,使运动员对自己的训练效果做到心中有数,考核结果对运动员产生的刺激有助于激发运动员的训练自觉性和积极性。

总结起来,贯彻自觉性和积极性原则最基本也是最关键的要求就是要充分发挥教练员在运动训练中的主导作用,通过教练员的启发和引导最终实现激发运动员的自觉性和积极性的目的。

五、一般训练和专项训练相结合原则

(一)概述

一般训练是指在运动训练中以多种多样的身体练习以及训练方法和手段,提升运动员的机能水平,增强运动员各方面的身体素质,改善运动员的身体形态,发展完善运动员的心理,使运动员掌握一定的非专项运动理论和运动技术。一般训练是专项训练的基础,为发展专项运动技能提供了身体素质、心理状态、技术、战术等多方面的准备。

专项训练是指在运动训练中,以篮球专项的技术动作、战术形式以及与篮球专项技术动作和战术形式相似的练习,提高篮球专项运动所需要的器官系统的机能,发展篮球专项所需要的心理品质,其主要目的是最大限度地提高运动员的专项竞技能力与水平。

一般训练和专项训练相结合原则是指,在篮球运动训练中将一般训练和专项训练结合起来，促进运动一般技能和专项技能的协调发展，全面提高篮球运动的竞技能力。

（二）依据

一般训练和专项训练相结合原则的依据有以下几点：

（1）从实践上看，一般训练和专项训练是相辅相成的关系，两者缺一不可。一般训练是专项训练的基础，发展一定水平的专项技能，必须具备相应水平的一般运动能力。一般来说，一个运动员的专项技能越高，则其一般运动技能也会比较高。

（2）从理论上看，一般训练能够补充专项训练在机体发展上的不足。运动员是通过在大脑皮层建立暂时性神经联系而实现对运动技术的掌握的，进行一般训练能够增加这种暂时性联系的数量，而这种暂时性联系的数量越多，运动员学习和掌握新技术的速度就越快，因此进行一般训练能够帮助提高运动员掌握运动技能的速度和效率；其次，一般训练能够全面提高运动员的运动素质，而各项运动素质之间是相互联系、相互影响的，全面运动素质的提高有助于促进专项运动素质的发展；一般训练能够对专项训练起到调节作用，专项运动侧重于发展某项运动素质或者某种运动技能的特性，可能会造成运动员机体局部负担过重或中枢神经系统的疲劳，一般训练能够调节这种状况，改善运动员的训练状态，提升训练效果。

（三）要求

（1）一般训练要贯彻整个训练过程的始终，在进行专项训练的同时也不能忽视一般训练。

（2）要理清一般训练和专项训练的关系，根据训练阶段和训练任务合理安排一般训练和专项训练的比重和内容。

（3）一般训练在全面的同时也要兼顾专项运动的特点和要求，做到重点突出。

（4）在进行一般训练和专项训练安排的时候，要注意根据实际情况的需要灵活决定。

第三节　篮球技战术训练的常用方法

一、分解训练法

（一）概述

分解训练法是指将篮球运动中的动作、技术或者战术，按照科学的方法分解成各个部分或者阶段，然后分部分或者阶段展开训练的训练方法。

分解训练法中又包括单纯分解训练法、递进分解训练法、顺进分解训练法和逆进分解训练法 4 种具体的类型。

（二）单纯分解训练法

1. 单纯分解训练法的应用程序

首先将篮球运动训练中的技战术分解成若干个部分，然后以部分为单位对运动员进行训练，在运动员掌握各个部分的内容之后，再将这些内容综合起来进行总体练习。

2. 单纯分解训练法的应用特点

(1)分解的对象是一些比较复杂或者难度较大的技战术，分解之后还能独立进行训练。

(2)各部分的练习顺序比较自由，可以根据实际情况安排。

（三）递进分解训练法

1. 递进分解训练法的应用程序

将篮球训练内容分成若干个部分，先进行第一个部分的训练，再进行第二个部分的训练，之后将前两个部分的训练内容结合起来进行综合训练；在掌握这两个部分的内容之后再进行第三部分的训练，掌握第三部分的训练内容之后，将前三个部分的训练内容结合起来进行综合训练；掌握前三个部分的训练内容之后再进行下一个部分的训练，以此类推，逐渐递进，最终掌握整个训练内容。

2. 递进分解训练法的应用特点

递进分解训练法各部分训练内容的训练顺序是自由的，但是要求前后两个部分之间的训练内容之间必须要有衔接性，比如前一部分的训练内容是篮球投球技术的脚步动作，下一部分的训练内容一般就要是篮球投球技术的手上动作。

(四)顺进分解训练法

1. 顺进分解训练法的应用程序

首先将训练内容分成若干个部分，然后进行第一部分的训练，掌握第一部分的训练内容之后，对第一部分和第二部分的内容同时进行训练，掌握前两部分的训练内容之后，开始对第一、第二、第三部分的内容进行训练，以此类推，步步推进，直至掌握全部的训练内容。

2. 顺进分解训练法的应用特点

(1)分解训练法后一个部分的训练内容包含了前一个部分的训练内容。

(2)分解训练法中各部分训练内容的顺序基本上按照篮球运动技战术发展的顺序进行排列。

(五)逆进分解训练法

1. 逆进分解训练法的应用程序

首先将训练内容分成若干个部分，然后从最后一个部分开始训练，掌握最后一个部分的训练内容之后，再加入倒数第二个部分的训练内容和最后一个部分一起进行训练，掌握后两个部分的训练内容之后再加入倒数第三个部分的内容进行训练，以此类推，依次将前一个部分的内容加入到训练中，直到掌握全部的训练内容。

2. 逆进分解训练法的应用特点

(1)训练内容的顺序和篮球技战术发展的顺序刚好相反。
(2)多运用于最后一个环节为关键环节的技战术训练。

二、变换训练法

(一)概述

变换训练法是指通过改变篮球运动训练中的运动负荷、训练内容、训练形式以及训练的外部环境等，激发篮球运动员的训练积极性，增强篮球运动员的适应能力和应变能力的训练方法。

根据变化内容的不同，可以将变换训练法分成三种主要形式，分别是负荷变化训练法、内容变换训练法和形式变换训练法。

(二)负荷变换训练法

1. 负荷变换训练法的应用范围

负荷变换训练法是一种最常见的训练方法，不仅运用在篮球运动训练中的技术训练，也运用在篮球运动训练中的战术训练。

2. 负荷变换训练法的应用特点

(1)负荷强度比较低的时候，有助于篮球技战术的学习和掌握。
(2)运动负荷强度比较高的时候，有助于锻炼机体，使机体适应比赛的需要。

(三)内容变换训练法

1. 内容变换训练法的应用范围

内容变换训练法一般被运用在篮球技术串联练习、篮球某种单个基本技术的变换练习、篮球基本技术组合的变换练习、篮球某种战术打法中几种方案的变换练习、篮球多种战术混合运用的变换练习中。

2. 内容变换练习的应用特点

(1)练习内容的动作结构可以是变异组合,也可以是固定组合。

(2)练习的负荷性质符合专项运动的特点。

(3)练习内容的顺序和训练发展的规律具有一致性。

(四)形式变换训练法

1. 形式变换训练法的应用范围

形式变换训练法主要被运用在篮球运动训练场地、线路、落点和方位等条件或者环境的变化上。

2. 形式变换训练法的应用特点

(1)通过变换训练环境、训练气氛、训练路径、训练时间、训练形式等方式开展。

(2)多变的训练形式有助于篮球技战术的串联和衔接。

(3)丰富的训练形式有助于改善训练的枯燥氛围,激发运动员的训练热情,为训练提供良好的情绪和心理准备,提升训练的效果。

(4)对运动员形成新的刺激,改善训练质量。

三、完整训练法

(一)概述

完整训练法是指在篮球运动训练的过程中,不对篮球技战术进行环节或者部分的划分,将技战术作为整体而进行完整地训练。完整训练法的运用范围包括篮球单一动作、篮球多元动作、篮球个人成套动作、篮球集体配合动作。

（二）在篮球单一动作中的应用

在单一动作训练中使用完整训练法，要重点注意各个动作环节之间的紧密联系，可以逐渐提高训练的负荷强度，提高完整联系的质量。

（三）在篮球多元动作中的应用

在做好单个动作或技术的基础上，重点注意掌握动作之间衔接的流畅性和完整性。

（四）在篮球个人成套动作中的应用

当练习目的为提高动作的质量时，可以在出错的地方中断练习，指出错误动作，改正之后再继续；当练习目的在于发展全套动作的参赛能力时，则将练习的重点放在完成动作的完整性和流畅性上，不要随便打断练习。

（五）在篮球配合战术训练中的应用

用于集体配合战术的训练时，应以一次配合最终的战术效果为训练质量的评价标准，更密切地结合实践要求，灵活地组织完整的战术训练。

四、模拟训练法

（一）概述

模拟训练法一般被用在比赛之前的训练之中，它是指用一种模型去模仿另一系统，并借助模型，通过训练实践，进行方案比较的一种“逐次逼近”最佳化的训练方法。受到条件的限制，教练员不可能将每一种战略方案都进行实践并从中得出最佳方案，但是教练可以通过模拟比赛的场景建立模型，然后将各种比赛方案都置于模型之中，通过模型得出各种方案的效果，以从中选择最优方案。构成模拟训练法的因素包括：模拟对象、模型选择、对象分析与建模。

(二)模拟训练和模式训练、程序训练之间的异同

模拟训练和模式训练以及程序训练在某些地方有一定的相似之处，为了帮助区分，我们在表3-2列举了三者之间的差别以供参考。

表3-2 模拟训练、模式训练和程序训练三者之间的区别①

相同点	不同点		
	模式训练法	程序训练法	模拟训练法
(1)都以模拟训练法为基础，具有基本相同的步骤 (2)都必须建立一定的训练控制模型 (3)都必须严格按照模型进行训练	(1)建立的模型为一般模型 (2)不十分强调实验过程 (3)经过一次模拟 (4)适用于全部训练过程	(1)建立的是程序模型 (2)应有一定的试验过程 (3)经过一次模拟 (4)适用于全部训练过	(1)建立的是模拟模型 (2)强调试验过程 (3)经过两次模拟 (4)重点适用于赛前训练

(三)模拟训练法的应用

在使用模拟训练法的时候，首先要进行全面的信息搜集，在此基础上对搜集到的信息进行总结和提炼，并以这些信息为依据确定模拟对象和建立最佳化的模拟对象的模拟原型。其次，要特别注意模拟对象和模拟模型的反馈，将反馈出来的结果和真实的状况进行对比，不断对模拟对象和模拟模型进行调整，提高模拟结果的准确性。最后，在建立模拟模型的时候，重点是抓住模拟对象的主要特征，将这些主要特征体现在模型中即可，完全还原模拟对象的特征难度太高也没有必要。此外，模拟对象具有动态变化的特征，所以模拟模型也需要根据模拟对象的变化进行相应的调整。

① 陈树华，许永刚．篮球运动训练理论与方法[M]．广州：广东高等教育出版社，2000.

第四章　篮球技战术训练的科学保障

篮球的技战术训练是篮球训练的重中之重。球员的技战术水平最终决定着一支球队的作战能力和作战风格，是球队赢得比赛获得胜利的关键所在。因此，在篮球的技战术训练过程中，一定要以科学为依据，严格遵守成熟、严谨的运动科学理论和研究成果的指导，保证在可控的资源配置下，使篮球运动员的技战术能力得到最大程度的提高和锻炼，并且使用科学方法使球员的最佳运动表现能够稳定地、持续地得到发挥。本章将从篮球技战术训练的体能保障、营养消耗与补充、疲劳与恢复以及训练的医务监督几个方面进行详细阐述。

第一节　篮球技战术训练的体能保障

一、篮球技战术训练中的能量消耗

（一）篮球运动能耗大于多数运动

篮球运动空间较小、对抗性强、高空争夺激烈等等这些特性，决定了篮球运动员要求身材高大、去脂体重大、灵敏性高，这些意味着运动员自身的代谢能量较高。另外，篮球运动技术动作复杂，无论是训练中还是比赛场上攻守形式都瞬息万变，这又要求球员有超强的随机应变能力，这些注意力和反应能力对脑力的能量消耗也十分惊人。并且，篮球比赛时间较长，那么在技战术训练中就需要对球员进行更强更高的体能挑战，同时还要保证运动员力量、速度、耐力、速度耐力、灵敏等方面素质都能正常发挥。

篮球运动场地较小，而且球员在场上的位置模糊，这就意味着球员在场上的活动范围大。同时双方竞争激烈，奔跑快速、攻防转换极快且时间长，这些特征下，不仅球员的身体耗能高，大脑的能耗也非常高。在所有的运动项目中，篮球属于能量消耗较大的项目(表 4-1)。

表 4-1　不同运动项目的热量消耗水平①

项目	每小时消耗热量（千卡）	项目	每小时消耗热量（千卡）
自行车	204	足球	476
游泳	299	有氧操	544
徒步	299	乒乓球	544
排球	345	滑雪	598
滑冰	394	举重	612
网球	414	篮球	680

在篮球运动中，不同体重的运动员、进行不同强度的运动，其耗能也不尽相同。同一运动员做不同的动作的能量消耗率也不同(表 4-2 和表 4-3)

表 4-2　篮球运动 1 小时的能量消耗(千卡)②

运动形式	体重 75 公斤	体重 65 公斤	体重 55 公斤
准备活动上肢	351	304	257
准备活动下肢	460	399	337
篮球(小强度)	309	268	227
篮球投篮	368	342	289
篮球(中等强度)	471	408	346
篮球(大强度)	653	566	479

① 张宏杰，陈钧．篮球运动成功训练基础[M]．北京：北京体育大学出版社，2004.

② 胡磊，张超．篮球运动技战术与体能营养研究[M]．成都：西南交通大学出版社，2018.

表 4-3　篮球运动不同动作的能量消耗①

项目	动作	能量消耗率[千卡/(公斤·分)]
男篮	跑动投篮	0.2407
	个人防守	0.2178
	运球	0.5789
	快攻	0.5134
	全场比赛	0.2095
女篮	投篮	0.1694
	一对一防守	0.2303
	三人快攻	0.4708
	全场比赛	0.1964

（二）篮球技战术训练的供能特点

在篮球比赛中，快速的攻守对抗是最主要、最基本的运动模式。因此篮球的技战术训练的重点是从实战性出发，特别是强调攻防对抗的训练，它要求进攻队要根据形势变化，采取最有效的进攻手段，选择最佳进攻时机发动进攻；防守队也要根据形势和对方进攻的特点，采用抢、断、协同防守等手段做积极防守，并力求制造和把握机会转守为攻。可以说形势常常瞬间万变，最佳的攻防时机也常常稍纵即逝。

技战术训练中，篮球运动员的运动强度在不断的变化中，很难定量分析各供能系统所占比例。但是从技术动作来看，训练中的突然启动、快速移动、急停、变速变向、突破与防突破、投篮和防投篮等都属于ATP-CP系统供能。但是ATP-CP的半程恢复至少要20～30秒，篮球技战术训练中有时候一个高强度的防守之后紧跟着就是一个快攻，这时候就需要糖酵解系统来供能，因此，多数学者都认为篮球以无氧供能为主。所以，在篮球的技战术训练中，最重要的就是保障机体的无氧糖酵解能力、缓冲乳酸能力、大脑对血液pH浓度变化的耐受能力。

---

① 胡磊，张超．篮球运动技战术与体能营养研究[M]．成都：西南交通大学出版社，2018.

但是，这并不是说有氧供能对篮球运动员不重要，有氧供能是无氧供能的基础，良好的有氧能力可以帮助球员利用间歇快速恢复，只有这样球员才能保持长时间的高强度运动。

（三）篮球技战术训练的能耗情况

篮球运动员每日的热能消耗是由基础代谢、训练代谢、训练以外的活动代谢以及食物的特殊动力作用四部分组成。但是，由于训练外的活动代谢与食物的特殊动力作用在训练期间影响不大，因此这里主要讨论基础代谢和训练代谢的情况。

1. 基础代谢

基础代谢即维持生命体最基本的生命活动的代谢时所需要的最低能量。一般是指人体在清醒、静卧、空腹和环境温度摄氏20°的条件下的热能消耗，通常用基础代谢率（BMR）表示。正常成人基础代谢率，男子约为1千卡/小时/千克体重，女子约为0.9千卡/小时/千克体重。

比如，体重为70千克的成年男女篮球运动员，每昼夜的基础代谢为：

男子：1（千克）×70（千克）×24（小时）＝1680（千卡）

女子：0.9（千克）×70（千克）×24（小时）＝1512（千卡）

2. 训练代谢

运动员训练的热能消耗主要取决于运动量和强度的大小。一般情况下，每天训练的热能消耗量为600～2600千卡，多数情况都在1000千卡以上。训练的热能消耗约占一天总能耗的40%左右。

二、篮球技战术训练的体能基础

体能是运动员竞技能力的重要构成部分，是运动员为提高运动技战术水平和创造优异运动成绩的各种身体运动能力的综合。只有具有了良好的体能，篮球运动员才能够充分地进行大负荷和高强度的训练，才能够在激烈的攻防训练中让技战术水平正常发挥。因此，运动员的体能水平应该和技战术水平同步发展，特别是针对篮球运动的专项素质训练应该成为日常训练的重要构成部分，包括力量素质训练、速度素质训练、耐力素质训练和灵敏性素质训练等。

没有足够优秀的体能，再炫的技术也将成为无源之水；没有足够优秀的体能，强大的心理素质将成为无稽之谈。而且，体能不能靠突击获得，也不能一劳永逸，只能通过日复一日地艰苦训练获得。另外，体能不仅是技战术实现的根本，也是球员形成自身作战特点和风格的重要基础。因此，加强体能训练非常重要，它是球员训练的长期内容，也是保障在技战术训练期间球员体能充沛的唯一办法。

（一）力量素质

篮球运动员在进行体能训练时，力量素质是进行对抗和提升速度的重要保证，是体能建设的保障，是实现技战术快速转换、灵活多变的根本。在进行力量训练的过程中，要建立健全的训练机制，保证力量训练的系统性和完整性，尤其是要针对腰腹、踝、膝、手腕、手指等部位做专门的力量强化训练，以提高各个重要运动环节的肌肉力量。并且，力量训练应该贯穿体能训练的全部过程中，定期进行力量训练是篮球运动员的训练内容的基本组成。篮球运动员的力量特点是以爆发力为主的一种非周期性肌肉活动。比如，在技战术训练中，球员要不停地完成快速跑、跳、投球、对抗等等动作，这就以为这篮球运动员必须具备优秀的弹跳力、躯干肌力以及上肢力量。从力量的性质来看，这些力量都属于爆发力和快速力量耐力。

力量素质是其他各项素质的基础，包括各种技术能力、战术能力以及综合能力等，是运动员完成各个技术动作，如跳起、转身、加速跑、急停、迅速启动以及运球、传球、合理冲撞、射门等技术动作的基础，没有力量就没有其他一切技能。

（二）速度素质

速度是篮球的灵魂。篮球的技战术训练中，要求球员在高速、高难度的条件下能够准确、迅速地完成进攻与防守。篮球场地较小，而篮球运动员在球场上都是双向跑动，虽然每次跑动的距离只有十几米，但是速度很快，而且跑动的过程中还要结合爆发力和弹跳力，要求运动员在瞬间调整身体的姿态，比如快速转身、跳起、投篮等等。

篮球运动的专项速度主要包括以下十项：

(1)位移速度。

(2)反应—起动速度。

(3)单个技术动作速度。

(4)进攻速度。

(5)防守速度。

(6)攻防转换速度。

(7)防守反击速度。

(8)运球速度。

(9)传球速度。

(10)投篮速度等。

篮球比赛以得分定胜负，因此，进攻的次数越多，提高比分的概率越大，这就需要提高每次进攻和防守的速度。篮球运动员只有达到符合比赛快速攻、防要求的速度，才有可能实现技术与战术的发挥。篮球运动员要具备和田径短跑运动员一样的加速度和爆发力，而并非绝对速度。可以以 30 米、60 米、90 米、150 米的全速冲刺作为练习手段；以及半场的快速冲刺跑、全场的快速冲刺跑、半场快速折返跑等。

(三)耐力素质

篮球运动员体能训练中的运动耐力，主要是指大强度、长时间从事篮球专项训练或比赛的能力。体能训练的耐力水平主要是指，功能系统的机能能力、在训练或者比赛中有效地利用机能潜力的能力、疲劳情况下的心理素质和意志品质。

篮球运动强度大、对抗性强，这要求篮球运动员在较小的场地内要进行快速的奔跑、抢断、快速进攻和防守等等。保持反复做各种短距离的高强度动作，比如急停和急起、跳跃、滑步等等动作。这些都需要有超优秀的无氧耐力素质才能完成。随着攻防节奏的不断变化，运动员需要抓住短暂的间歇进行有氧代谢，这就需要篮球运动员具备良好的有氧耐力。

耐力训练一般采用重复法、间歇法、持续法等。耐力训练可以增强心血管系统机能、增强肌肉耐力、增强血乳酸清除能力以及增强机体的供能效率。并且，良好的耐力还可以让运动员在赛后的恢复能力有出色的表现。

（四）体能训练与技战术训练相结合

无论是比赛还是训练，篮球球员都必须做到反应速度快、移动速度快、动作速度快，这些是具备出色体能与技术的表现，更是与战术配合、创造获胜机会的前提条件。体能训练是为技战术的发挥所服务的，篮球运动员的体能训练必须与技、战术训练有机地结合起来，以技战术的实际运用和表现为目的，才能体现体能训练的意义和价值所在。因此，在体能训练中应该时刻以提高和完善技术、战术为指导思想，而在技战术训练中又以发展和巩固体能为考核点。随着球员的训练水平的提高，二者的结合越是紧密相关，最终达到你中有我我中有你、水乳交融的状态，化有形与无形在比赛中才会有出神入化的运动表现。

第二节　篮球技战术训练的营养消耗与补充

一、篮球技战术训练的营养消耗

（一）篮球技战术训练的营养需求特点

1. 篮球技战术训练对膳食营养的总体要求

一场高强度的技战术训练，无论是运动强度还是运动量都非常高，对运动员的体能消耗非常大，训练后应该及时地补充营养。膳食供应要做到丰富全面，营养物质要优质充分，不仅仅要保证能量消耗的补充，还要及时地为训练后机体的代谢、修复和生长提供物质基础，才能达到实现训练效果、提高体能素质和运动技能的目的。对此，需要了解篮球运动的营养消耗特点并形成相应的营养策略。

(1)首先三大能源物质的比例应符合篮球运动的供能特点。日常的膳食中三大营养物质的比例应该做到：糖55%，脂肪25%，蛋白质20%。

(2)因为篮球运动的能量来源主要依靠磷酸原和糖酵解系统供能，因此糖类物质非常重要，应该保证优质、丰富、好吸收。蛋白质应选用优质蛋白，特别是优良的乳制品、动物蛋白占比约为2/3左右。它们对球员的肌肉生长、组织修复以及参与能量代谢的有关酶的生成非常重要。

(3)新鲜蔬菜与水果必不可少。充沛的碱性物质可以缓冲运动后酸性代谢产物，缓解疲劳，加快恢复。

(4)除了以上主要的营养物质以外，膳食中注意要含有丰富的B族维生素、维生素C，以及钙、铁、钾、镁等富含矿物质的食物。

(5)篮球运动员的饮食习惯和普通人相比要做到少食多餐，遵循人体对食物和营养物质的消化吸收规律，每餐都严格按照一定的营养配比和热量需求进餐。只有这样才能保证摄取的营养物质能够很好的消化和吸收，并且力求让身体始终处于能量充沛、感觉良好的状态，以适应大强度的训练与比赛。

2. 篮球技战术训练时期膳食营养的注意事项

篮球的技战术训练强度常常不亚于、甚至强度和负荷要远大于一场正式的比赛。因此，在膳食营养方面也要向正规比赛看齐，以同样的标注和重视程度对待。其中尤其要注意以下几方面：

(1)每餐的膳食营养要合理搭配，丰富多样，尤其是要紧密配合球员的训练情况做及时调整。膳食营养直接影响着运动员的体能表现、恢复状态以及体能和技能的提高等等。因此，营养师应该严格地根据训练内容、训练量、训练环境、训练强度等等安排膳食，不可以僵化和简单重复。膳食营养和身体训练相辅相成，共同决定着训练效果，是运动员技战术训练的重要组成部分。

(2)烹调方法要合理，以最大限度地保留食物中营养物质不被破坏为前提。营养师和厨师应该严格按照营养学选择食材和烹饪方式。例如，大米中的水溶性维生素和无机盐极易溶于水而流失，那么淘米的方法就应该避免多次大量的淘洗。有些食材遇高温会损失营养物质，那么应尽量选择低温的烹饪方式。比如蔬菜使用急火快炒的方式可降低维生素流失，而挂糊油炸是保护营养素、增加口感的好方法。

(3)避免食品污染。食品污染是一个应该引起足够重视的问题,特别是对于训练期间的运动员而言,一次失误引起的食物中毒将严重影响当天甚至是之后几天的训练计划,不仅仅影响了个别球员的身体健康,甚至影响了全队的训练计划和比赛安排。具体操作如下:

①必须选择新鲜安全的食材,对供应商应该严格管理和把关。

②低温冰冻的鱼、肉、禽类必须彻底解冻再烹饪。

③冰箱储存的食物必须再加热至70℃以上。

④一切厨房用具如刀具、砧板、餐具等都应该每日消毒。

(二)篮球技战术训练的营养消耗

1. 通常情况下篮球技战术训练的营养消耗

篮球是以技能主导的同场竞技、非周期性对抗项目,其运动特点是运动强度大、对抗激烈、时间长、团体作业等等。在一般条件下,篮球技战术训练的营养消耗基本上遵循着能量消耗的特点产生。球员不停地进行快速移动、跳起、投球、抢篮板、压迫防守和移动进攻等动作,一次投篮或者传球只需要0.1~0.5秒,抢篮板球只需0.1~1秒,发球需1~4秒。因此,篮球技战术训练主要以无氧糖酵解供能系统为主。一般而言,一场篮球比赛的无氧供能占到总能量需求的85%,有氧供能占15%。

在技战术训练中,球员的营养消耗情况基本与比赛类似。首先是糖类的大量消耗,然后是脂肪和蛋白质,同时伴随大量的排汗会使机体的钠、钾等矿物质也大量流失。

2. 特殊环境下篮球技战术训练的营养消耗

篮球训练常常因为环境的变化而对营养消耗产生明显的影响。比如在高原、寒冷或炎热地带进行训练,球员的机体代谢和功能反应会呈现不同的特点。因此,在特殊环境下的训练,除了遵循一般原则之外,还应该考虑由于特殊环境给篮球运动员的机体带来的影响,因此应该配合训练情况进行适当的调整。

(1)高原环境

高原环境属于低压、低氧的典型环境,并且温度低,体感寒冷,空气较干燥，日照时间长，日夜温差大等等。其中对人体影响最大的是低压环境下带来的低氧条件，这对高强度运动项目如篮球的影响巨大。这种低压低氧的刺激，会给人体的生理功能及运动能力带来一系列非常明显的变化。又由于气温低，增加了运动员身体散热的需求，这又增加了能耗。另外，高原环境最显著的特点是缺氧，在激烈运动状态的运动员一直处于应激状态，导致糖贮备减少，血糖水平下降，为了补充能量，蛋白质和脂肪的代谢同时加强了。这一系列的能量变化，意味着除了在正常情况下的基础代谢和训练热能消耗，以及考虑运动量和运动强度外，还要在原来的基础上额外增加 7%～25%的能耗。反应在膳食上就是应采用低脂和高碳水物营养的组合。

(2)寒冷环境

在寒冷环境下，人体散热加快，基础代谢率增加，热能消耗变大，身体对糖的消耗明显增加。运动员对膳食中热源物质的量需求有所提高，可适当增加肉、蛋、奶类，以保持能量平衡。这就意味着球员对维生素C、B族、维生素 E 等的消耗和需求也随之增加。有研究显示，对维生素C 的需求增加 30%～50%，对维生素 B_2 的需求增加了 2～4 毫克，维生素 E 需求增加量为 50 毫克。这是为机体促进能量代谢和激素分泌所需。

(3)炎热环境

炎热环境比如在热带地区进行技战术训练，由于环境温度骤然升高，球员热能代谢率随之增加，排汗量更是大幅增加，体内的微量元素如钾、钠等和维生素都不同程度地快速流失。同时，高温环境令运动员的食物中枢兴奋降低，唾液、胃液及胰液等消化液的分泌量也减少，也就是食欲降低，可能会影响球员的进食和营养摄取。这时候运动员对饮食趋向清淡可口、容易消化为主。为了一定程度上可以促进中枢神经的兴奋度，冷饮、蔬菜汤、绿豆汤等等是首选。

炎热环境下，无论如何人的食欲都会比正常时候下降，但是营养流失却并未减少，仍然需要大量的能量供给，特别是糖类、蛋白质类、维生素和矿物质等等。

除此之外，在炎热环境中的训练，最明显的就是排汗量增大了，一场训练下来，球员的排汗量比常规环境下训练的排汗多出近 1/3～1/2，伴随的现象是体重的明显减轻。因此在训练过程中更应该加强补水，为了维持良好的运动能力，运动饮料的配给十分重要。

二、篮球技战术训练的营养补充

(一)糖的补充

无论是篮球比赛还是篮球训练,首先应该保障糖的补充。通过一定的营养策略增加肌糖原的储备是最直接的延缓运动性疲劳,维持竞技能力的有效手段。如果在训练过程中及时地补充糖,可以为机体提供额外的能量来源,增强运动技能,延迟疲劳感的出现,甚至还可以有效预防和改善情绪状态。但是注意要根据球员的体重、活跃肌肉的体积、运动负荷来确定具体的摄入量,同时球员的总体饮食目标和训练反馈也是重要的参考依据。一般而言,对子中等强度的训练,每天糖的摄入量加以在5~7克/千克;如果是高强度的训练,每天糖摄入量增加到6~10克/千克;如果进行的是超强度训练,例如每天都保持4至5个小时的高强度训练的话,那么每日的糖摄入量为8~12克/千克。

如果要保证训练的最佳状态,可以在训练前每天可通过摄入8~12克/千克糖来最大限度地提高内源性糖原储备。为了保持良好的运动状态,在训练中可以每10到15分钟就补充6%~8%的碳水化合物电解质溶液;同时加入咖啡因以提高运动表现,加入咖啡因主要是因为,它能通过调节中枢多巴胺信号通路来增加运动动机,也可增加交感神经活性,降低肌肉疼痛感,通过增强脂肪酸氧化、节约糖原等延缓运动疲劳。

在训练后,糖原已经被大量运动所耗竭,如需想快速恢复,则训练后每小时摄入1.2克/千克的碳水化合物。

(二)蛋白质的补充

如果训练时间长且强度大,会造成肌细胞损伤和蛋白质分解,对应的就需要在运动间歇及训练后及时修复和更新。这时需要适量地补充蛋白质修复损伤及增加肌肉蛋白合成,同时促进糖原恢复、减少肌肉酸痛。

但并不是蛋白质摄入多多益善,过多的蛋白易导致内环境酸化,加重肝脏与肾脏的负担,反而引起疲劳感。球员应根据训练强度、运动量、

年龄、总能量摄入确定具体的蛋白质补充剂量，但是注意应该保证补充的都是优质蛋白，建议主餐至少摄入 20～25 克的蛋白质

蛋白质的吸收与合成利用，受时间因素的影响。一般来说，在运动后 3 小时内肌蛋白的合成达到峰值。那么在训练后，除了补充糖之外，蛋白质也应该及时补充。此外，如果能够长期在睡前摄入蛋白质饮料，可以在夜间促进肌肉蛋白合成和修复速度，改善肌肉力量和质量。

（三）脂肪的补充

脂肪的有效供能可以节约运动中机体糖原的消耗，从而起到增强体能、延缓运动疲劳出现的作用。但是同时应该注意控制脂肪的摄入量，过多的脂肪又会增加代谢氧耗，增加体脂和体重，降低肌肉做功的能力，从而影响了运动能力。其中最显著的如 Ω-3 脂肪酸，它对改善心脏功能、耐力以及延缓肌肉酸痛等均有一定的效果。

（四）电解质的补充

一般情况下，球员在训练或比赛中的水合状态可用尿液比重 USG 来评估，USG 的测量值越高说明球员脱水程度越严重。以 NBA 比赛为例，每场比赛运动员出汗量平均可达 2.2 升左右，如果补水不及时，会造成肌肉痉挛，力量和耐力均减弱的现象。有研究发现，在体液损失程度从 1%到 4%的过程中，篮球球员的运动能力会大幅度下降。同时，若补水过多不仅会增加肠胃负担，而且大量的水分使血容量增加，增加心脏负担，从而降低运动能力。因此，电解质的补充对球员体能的维持以及延缓疲劳十分重要，可以通过长期跟踪运动前后体重的对比，制定个性化的补水方案。在训练前和训练中饮用一定量的运动饮料，可以起到维持机体电解质平衡、加强球员的运动表现的作用。一般在训练期间，建议每 15～20 分钟就饮用 170～340 毫升的运动饮料为宜。

（五）维生素的补充

维生素可以调节机体生理生化过程、参与能量代谢。比如 B 族维生素可参与能量代谢和肌肉的修复和生长。因为球员日常大量的运动训练，他们对 B 族的需求是非运动员的两倍。而维生素 D 可以提高机体快肌纤维的数量和直径，提高肌肉力量、平衡能力和反应时间。

(六)钙、铁的补充

钙是参与肌肉收缩、神经调节的重要营养物质,对于运动员来说钙尤为重要,它可以保障球员健康的骨密度和避免骨折的风险。运动员每日应该补充钙与维生素 D 来保护骨骼健康,以及保证神经肌肉的兴奋程度。

铁是人体必需的矿物质,是血红蛋白和肌红蛋白合成的必需元素。如果运动员铁的补充不及时,一方面体现在血红蛋白和肌红蛋白的合成减少,从而导致组织细胞摄氧量减少。另一方面还会导致线粒体呼吸链的成分活性降低,影响 ATP 的生成,从而影响运动员的速度、耐力和成绩。因此,在训练中和训练后,都应该保证一定量的铁的补充,可以降低乳酸浓度以及提高体能。

(七)营养剂的补充

营养剂的补充包括肌酸、抗氧化剂、碱性物质等等。他们是在膳食营养的基础上,对因为高强度的训练致使身体在短时内大量的体能消耗的一种有力的补充手段。目前被广泛地应用于各种运动项目的运动员的日常训练中。

1. 肌酸

肌酸是目前为止使用得最为广泛的一种营养补充剂。补充肌酸主要是为了提高肌内肌酸储备,从而加强糖代谢,进而对促进肌肉收缩后磷酸肌酸和 ATP 的再合成起到有效的帮助。适量的补充肌酸,可以提高篮球运动员在运动中短时、高强度动作的运动表现。需要注意的是,在使用肌酸时,尤其在湿热环境下运动时,要配合一定量的水的补充才能够保证肌肉的水合作用,防止痉挛和拉伤。

2. 碱性物质

在进行了技战术训练这种大负荷的运动之后,篮球运动员的体内会累积大量的乳酸类代谢物质,这些乳酸类物质已经远远地超过血液和骨骼肌内的缓冲物质。因此机体内的稳态环境遭到破坏,糖酵解中磷酸果糖激酶活性受到抑制,使糖代谢供能效率降低,此时运动员感到疲劳,运动能力明显的下降。而如果能在运动前摄入一定量的碳酸氢钠，则可以大大增强细胞外液的缓冲能力，那么即使在高强度运动中，也能保持肌肉的 pH 值接近正常水平。

3. 抗氧化剂

经过大强度的训练，篮球运动员的体内会产生严重的氧化应激和炎症反应，从而降低运动能力，但是通过补充抗氧化剂，能够有效地提高高强度的技战术训练期运动员的竞技能力。抗氧化剂主要是指维生素 C、维生素 E 和 β-胡萝卜，他们可以清除由高强度运动引起的过多的自由基，从而可以轻松维持机体氧化应激的平衡状态。一般常用的方法是食用葡萄籽提取物，它可以有效改善机体的氧化应激稳态失衡，还可以保护细胞免受氧化应激损伤，从而提高运动员的运动表现。另外，谷胱甘肽是一种内源性抗氧化剂，能清除活性氧，并作为 NADPH（辅酶 II）的辅助因子起到重要作用，是运动员运动训练中常用的抗氧化补充剂之一。

第三节　篮球技战术训练的疲劳与恢复

一、篮球技战术训练的疲劳

（一）运动性疲劳的机理概述

现代篮球运动训练与比赛已经基本成为高强度、高负荷的运动项目。这一性质必然导致运动性疲劳，随着篮球运动的发展，篮球运动在三大球类运动中的地位越发重要，它因此得到社会的广泛关注和研究，特别是近年来有很多学者专家对篮球的疲劳产生和恢复的机理研究得到突破性进展。篮球作为一项高强度的对抗性运动，无论是训练中还是比赛中，疲劳都是不可回避的，疲劳成为篮球运动的一部分，但是，如果能够科学地理解疲劳现象，还可以对训练产生积极的影响。因此，从教练到运动员都应该认真对待运动性疲劳。

从19世纪80年代开始，各国学者、体育运动专家对运动性疲劳的机理从生理角度、生化方面进行了广泛而深入地研究。并于1982年，在第五届国际运动生物化学会议上第一次对运动性疲劳的概念作了明确和统一，即"机体不能将它的机能保持在某一特定水平，或者不能维持某一特定的运动强度。"经过40年的不断发展和研究，目前对运动性疲劳的机理有主要有以下几种代表性的理论：

1. 保护性抑制学说

该学说认为疲劳是大脑皮层的一种保护性抑制的结果。当人体运动时，产生大量的冲动传至大脑皮层以及相应的神经中枢，经过一段时间的较长时间的兴奋之后，人体的各种消耗在持续地、逐渐地增加，当达到一定程度的时候，为了避免进一步的能耗，于是产生保护性抑制。贝柯夫(1927)在实验研究中发现，如果让狗拉着载重小车行走30～60分钟，会产生疲劳，这时候一些条件反射的测试结果将显著减少，甚至不巩固的条件反射将完全消失。1971年，雅科甫列夫发现，小鼠在进行长达10个小时的游泳后，将引起严重疲劳，这时候如果测量其大脑内的ATP水平会发现有明显的降低，大脑皮质中γ-氨基丁酸水平明显增高，而该物质是中枢抑制介质。除此以外，还有其他指标如血糖下降、缺氧、pH下降、盐丢失和渗透压升高等等，都是代表皮质神经元工作能力下降的因素。综上，所有这些因素的共同作用下，保护性抑制产生。

2. 能量耗竭学说

该学说认为，运动性疲劳是由于机体在运动时体内的能源物质被大量地耗竭所致。能量耗竭学说还指出，在不同条件下带来的疲劳，其能源物质消耗情况也有所不同。如果是进行长时间运动所产生的疲劳，会与血糖水平表现出密切的关系。专家们发现，如果给已经因运动而精疲力竭的狗注射肾上腺素，它很快又能继续跑动，它的生物学机理是肾上腺素可以使肝糖原进一步分解，从而使血糖水平得到迅速提高，释放出新的能量，让机体又可以参与运动。

3. 堵塞学说

堵塞学说认为，疲劳的真正原因并非是能量物质的耗竭，而是由于运动过程中能量代谢带来的一系列产物如乳酸、氢离子、氨离子等在体内不断地堆积过多所引发。目前虽然未能证实乳酸浓度和肌肉疲劳的因果关系，但是可以证明，由于乳酸的大量堆积使得肌肉组织以及血液中的 pH 不断下降，阻碍了神经肌肉接点处兴奋的传递，也就是说由于连接处信息传递的迟缓，影响了冲动传向肌肉的进程，抑制果糖磷酸激酶(PFK)的活性从而抑制了糖的酵解，使 ATP 的合成直接受到影响，效率降低，速率减慢，能量的供应不足使得机体感到运动的吃力和疲劳。另外，pH 值的下降同时也导致肌浆中 Ca^{2+} 的浓度也随之下降，这将影响着肌球蛋白和肌动蛋白的相互作用，最终结果是使得肌肉收缩减弱。

4. 内环境稳定性失调学说

还有一种学说认为，人体的疲劳是因为在运动时机体的内环境与在安静时大不相同，其发生的一系列的生物学的变化导致了疲劳的产生。除了 pH 值的变化以外，还有细胞外液水分及离子浓度的变化、渗透压的改变，甚至体温的变化都会带来一系列的影响和变化。有研究表明，当人体失水总量达到体重的 5%时，那么肌肉的工作能力将急剧下降，只能完成正常水平时的 70～80%，如果此时没有及时的补充水分并且机体还在持续地流失水分，严重的时候会发生中暑现象。比如，在高温下作业的工人因大量排汗且没有及时补充水分的时候，会出现严重的疲劳感，还应该注意的是，即便此时再给予饮水也不能缓解，但此时若给工人饮用含 0.04%～0.14%的氯化钠水溶液，可以使疲劳有所缓解。

5. 突变学说

还有一种学说认为，疲劳可能是能量消耗和兴奋部分衰减的共同作用而带来的现象。但是这一变化过程是有一个明显的急剧突变的阶段，因此称为突变学说。在运动过程中，随着能量的消耗，机体的兴奋性也逐渐随之减退，两个变化相伴发生，当到达某个阈值时，为了避免能量储备的进一步下降，运动能力下降，疲劳产生。

6. 自由基学说

迪劳德(Dillord，1978)首次把自由基的研究引入至运动医学的领域。研究发现，在剧烈的运动过后，机体的肌纤维膜、内质网的完整性均受到不同程度的破坏，造成这一现象的主要原因就是产生了过多的自由基。由此推断，自由基与运动性疲劳有着密切关系。另外，有许多研究支持随着运动强度的增加，血浆脂质氧化(LPO)水平会不断地升高。LPO能对调节Ca^{2+}转运的Ca^{2+}—ATP酶产生影响，胞浆中Ca^{2+}的堆积，影响了肌纤维的兴奋—收缩耦联，直接关系到肌肉的工作能力下降；LPO的显著升高不仅会影响肌肉的工作能力，伸直还能引起对肌肉等人体组织的损伤，也就是说，它妨碍了正常的细胞代谢与功能，是导致运动性疲劳的重要原因。

同时研究还发现，自由基也会引起线粒体呼吸链产生ATP的过程受到损害，使细胞能量的生成受到阻碍。另外，自由基还能导致某些酶的失活，而产生疲劳感。这些关于自由基与运动性疲劳产生机制的研究，已经充分地证明自由基对疲劳的发生机制中起到了重要作用。

总体看来，运动性疲劳产生的原因是非常复杂的，有很多种因素相互渗透和影响，是有机体内繁杂的一系列的生物学的变化过程。不过关于疲劳产生的部位大体上有四种观点：一是疲劳发生在中枢神经系统；二是疲劳发生在外周部分，即运动神经以下的部位；三是中枢与外周都发生疲劳；四是肌肉收缩链条中每一环节都可能是疲劳产生的部位。

综上，在篮球的技战术训练中，既有同场的竞技对抗，又有短时间的冲刺、爆发式跳跃、投掷，以及长时间的训练和对抗，因此运动强度和运动量都非常大。其供能以高能磷酸原系统(ATP-CP)和糖酵解供能为主(约占85%)。而人体ATP和CP的含量极其有限，肌糖原和肝糖原的储备也不多，而且糖酵解供能系统还会伴有乳酸的产生。但是，对于具体的训练课内容，以及不同等级水平的运动员，疲劳产生的机理与发生的部位也会有所不同。

(二)对运动性疲劳的判断

1. 自我判断

运动员在训练过程中的自我体力感觉，是判断疲劳的重要标志。比如当运动员感觉到自己行动迟缓或者技术动作效果降低，传球或投篮的准确率下降，战术意识下降，对抗能力下降等等，就可以判断身体已经处于疲劳状态。

2. 生理学测定

生理学测定是指借用一些测试仪器的帮助，可以直观地了解自己身体当下的一些重要指标，同时也需要清楚自己在精力和体力都处于充沛饱满的时候的数据。

(1)肌力测定：例如使用握力计测试。

(2)呼吸肌耐力测定：机体在疲劳时，肺活量值明显逐次下降。

(3)膝跳反射阈值：疲劳时阈值明显升高。

(4)汉契测试：正常情况下，运动员在呼气后的憋气时间为60～90秒，在疲劳的情况下时间则大为缩短。

(5)心电图：人体在疲劳时S—T段下降。

(6)机电图：人体在疲劳时肌电图振幅变大，频率降低。随着肌肉疲劳程度的加大，积分肌电逐步增加，均方根振幅明显增加。

(7)脑电图：脑电波是判断疲劳与否的参考指标，表现为当人体疲劳时慢波成分增加。

3. 运动医学检测

血红蛋白检测：运动员过度疲劳时，血红蛋白会下降。

尿蛋白检测：运动员在大运动量的训练后，尿蛋白会增多。

隆伯格姿势稳定性检测：测试时闭上双眼，静立并两臂前伸，十指张开两脚在一条直线上，且一只脚尖抵向另一脚跟，测出运动员可以保持稳定的时间。疲劳时稳定时间缩短，且手指出现颤抖现象。

除此之外还有哈佛台阶实验法、血乳酸、最大吸氧量、PWC170等检测方法。各个检测方法都有其特别针对的指标和情况，应该根据训练的特点、任务和性质，结合各种检测手段，综合各个指标得出最准确的判断。

二、篮球技战术训练的恢复

(一)篮球技战术训练恢复的主要内容

疲劳与恢复是运动训练中两个紧密相连的过程，在每次疲劳与恢复的更替变换中，运动员的身体素质与技战术得到提高或加强。疲劳与恢复决定着训练效果的两个重要因素。机体的恢复主要从以下几个方面体现：

1. 能源物质的恢复

从机体对能量的消耗与恢复来看，可分为三个阶段。第一个阶段：运动的过程中能量的消耗大于恢复，机体的工作能力逐步下降；第二阶段：运动后机体补充能量，因此恢复大于消耗，此时机体各系统机能逐渐恢复到原来的水平；第三阶段：超量恢复阶段，运动时被消耗的能量物质在一段时间内超过原有水平，但很快又逐渐回到原来水平。

超量恢复机制是“训练＋提高→再训练再提高”的生理生化基础。有研究表明，球员体内一些能量物质出现超量恢复的时间各有不同，无论是运动时能量物质的消耗，还是之后的恢复都按照一定的顺序发生。比如短时的大强度运动之后，磷酸肌酸在第 2～5 分钟会出现超量恢复；肌糖原大约需要 15 分钟出现超量恢复；如果跑一次长跑，大约要到第三天才能恢复。根据让人体的这一机能特性，可以缩短两次速度练习的间隔时间，而增加两次力量或者耐力练习的间隔时间。

2. 心血管功能的恢复

篮球球员在负荷时的最高心率可达 220 次/分钟，每搏输出量可达 212 毫升。由于运动负荷时心率和每搏输出量都有明显增加，每分心输出量也明显提高。而血压对随运动的变化为收缩压升高，舒张压保持不变或稍微下降。心血管系统的这种运作机制是为了保证为机体运输营养物质。心血管系统的恢复具有自身特有的规律：比如人体在负荷后，即刻恢复与前半程的恢复时间很短，约占恢复值的 70％左右，而后一半的恢复过程却很慢。

3. 呼吸功能的恢复

运动训练过程中机体的呼吸功能发生变化，是为了保障氧的运输。球员训练的时候，呼吸频率由原来的 16～18 次/分钟，减少到 8～12 次/分钟，呼吸差由 5～7 厘米增加到 9～15 厘米；膈肌的升降幅度可增大 2 厘米，呼吸深度增大 300 多毫升。这一系列的变化都为了扩大呼吸表面积，提高弥散气体，为肺换气做了充足的准备。

有研究发现，球员在呼吸功能恢复的过程中，血液的氧合作用比普通人要快得多。在训练的影响下，人体呼吸中枢兴奋性增强，血液中二氧化碳的增加促进了呼吸肌的收缩活动，为摄入氧创造了条件。实践证明，为了加速运动后呼吸功能的恢复，呼吸方法非常重要。应该加深呼吸，特别是加深呼气，只有把气呼出去，才能吸进大量的新鲜空气，偿还氧债，消除体内积累的乳酸，使身体机能加速恢复。

4. 肌肉系统功能的恢复

肌肉在经过一段时间的训练后可以观察到体积及形态的改变，与此同时，其内部生物化学的变化也十分激烈。比如，经过力量训练，球员的ATP、CP和糖原的浓度分别提高了18%、22%和66%。经过耐力训练，球员体内肌红蛋白的浓度也显著增加，糖原浓度甚至可增加一倍。而速度训练之后，球员体内的生物学变化主要是ATP和CP的总贮存量增加。这些变化与运动负荷紧密相关。比如，经过力量训练与速度训练之后，球员体内能量物质的恢复主要表现为ATP-CP系统和乳酸系统的变化，而耐力训练之后主要表现为有氧供能系统的变化。

5. 神经系统功能的恢复

人体的疲劳首先开始于神经系统，那么恢复也应该从大脑和神经系统开始，先恢复神经系统，然后是心血管系统、肺功能，最后才是肌肉组织。根据科学的恢复顺序安排训练内容和手段，将达到事半功倍的效果。对为篮球运动员在技战术训练期间的能量保障具有重要意义。

在紧张的技战术训练中，篮球球员的心理与大脑皮层的神经活动息息相关。当大脑皮层感到疲劳时，随之人体的注意力、应变能力、自信心都会下降。特别是对于协调性训练以及技术难度特别高的训练，在每次练习之间适当地做神经系统的恢复对节省能量相当重要。

（二）篮球技战术训练恢复的基本原则

1. 系统性原则

教练员应该掌握训练恢复的基本原则。首先，应该把握的就是系统性原则。篮球教练会根据不同的训练阶段、训练周期、训练内容，以及按照比赛任务系统地从训练安排、营养卫生、恢复手段到医务监督等做全面、充分的考核计划。运动员的恢复是一个有机系统的复杂过程，特别是对于超强度的技战术训练引起的疲劳，并不是单一因素引起的，它是由多种因素相互作用变化而造成的结果,那么就应该根据不同的情况做积极恢复,并且应该严格遵循全面地、系统地原则进行。

2. 针对性原则

在系统性原则之后,进行恢复要有针对性。一方面,是要针对不同训练阶段的目的、内容和负荷的性质来选择相应的恢复手段。另一方面,是要针对运动员不同个体的不同情况,具体安排适应其年龄、性别、机能状况、训练水平、负荷情况等等不同的恢复手段,不可以一刀切,吃“大锅饭”。即便是使用同一种恢复手段,也应该具体情况具体分析,对不同的球员不同的训练强度和时间段,都应该有所区别。真正做到遵循科学方法,有针对性地进行恢复。

3. 综合性原则

随着运动水平的提高,特别是在高强度的技战术综合训练中,单一的恢复手段往往效果不佳,并不能满足机体因复杂因素引起的疲劳状态得到快速恢复的需求。那么,在恢复过程中应积极地将教育学、营养学、心理学、医学、生物学等恢复手段进行有机的结合,综合的运用,以期让它们共同协作发挥作用,从而达到最好的恢复效果。

4. 实效性原则

恢复的目的简单明确,因此一定以实际恢复效果为依据,不需要华而不实的追求过程而忽略了结果,降低效率。因此,无论采用哪种恢复方法和手段,都要及时客观地跟踪球员的实际效果来决定采用哪种最有效、最适合。因为每个球员的情况各有不同,而且在不同的时间、不同的条件下身体机能反应也会有所不同。因此,教练在平时训练或者比赛的过程中,严格跟踪和监控不同训练负荷、恢复方法、手段等等,进行紧密地记录和研究,通过科学检测和大数据分析,以事实为依据,找到有数据支持的恢复方法和手段,以真正做到科学训练和恢复,得到最佳恢复效果。

5. 自觉性原则

篮球运动员是训练和恢复的实施主体,任何方法只有根据球员的实际操作才能得以实现,而球员对恢复训练或者恢复手段的参与积极性已经实施情况，都决定着恢复效果的好坏。再科学先进的恢复方法只能在球员相信并且全力配合的情况下才能实现。那么就要要求球员应该遵守自觉性原则，积极主动地将负荷后的机能状况、恢复效果、自我感觉反馈给教练，及时准确的反馈能进一步让教练对球员的疲劳判断以及选择采用的恢复方法进行甄别，可以根据球员的自我反馈以及数据反馈做及时的调整，以求做到调控恢复过程、提高恢复效果的较理想的状态。

（三）篮球技战术训练恢复的基本方法

1. 教育学恢复法

教育学恢复方法使用的范围较广，主要分为以下几方面：

（1）准备活动

在正式训练前认真充分地做准备活动可以帮助运动员调整状态，提高训练质量，延缓疲劳等作用。准备活动还因具体的训练内容不同而不同，分为一般性准备活动和专项准备活动。一次完整的准备活动大约需要 20～30 分钟，热身运动包括慢跑、变向跑、跳绳等，以让身体微微出汗为止，大概持续 10 分钟左右。

①伸展运动。主要是让机体的各个肌群做静态和被动的拉伸，大概持续 10 分钟左右。

②动态伸展运动。原地以及移动中伸展运动，包括各种踢腿、提膝、抬腿跑、加速跑等等。

（2）放松活动

同样的，放松活动是训练后为了让身体快速恢复所做的积极性恢复运动。它可以帮助增加体液循环，使肌肉逐渐恢复体液、电解质营养成分的平衡，这对于每天进行高强度训练的运动员而言尤为重要。篮球作为一项主要以无氧供能为主的运行项目，经过高强度训练，血液与肌肉内有大量的乳酸堆积，而放松活动可加快酸性物质的代谢，有助于体液循环，从而将营养物质输送到血液，同时排除代谢废物。因此，训练后做积极的放松活动是快速消除疲劳的有效手段。

放松整理活动包括慢跑、走动、伸展运动、腰腹肌练习、呼吸体操、罚球偷懒等等。

2. 训练中的恢复方法

在训练中趁着短暂的间歇做积极性恢复是一种非常简单有效的恢复手段。例如，在罚球、换人、暂停、跳球选位的间隙，或者训练中的间歇，可以原地放松走动，两腿交换放松，解松鞋带等这些简单但可以节省能源消耗活动。运动员还可以做两次深呼吸，以增加肺通气，改善机体的供养情况。

3. 高质量的睡眠恢复法

睡眠是机体最有效的恢复方式。在睡眠中，机体的分解代谢降到最低，合成代谢相对活跃，利于能量的贮存。因此，篮球运动员在经过高强度的训练之后，保障充足的睡眠是最简单直接的恢复方式。为了保证有质量的睡眠，在睡前不要做打牌、嬉闹等容易引起兴奋的活动，睡前两小时停止进餐，让房间保持安静以及光线柔和。另外，还可以做一些帮助催眠的努力，比如在房间放一些有助于睡眠的芳香类物质，学习一些有助催眠的自我暗示等。

4. 生物学恢复方法

(1)水疗

水疗是最常使用的生物学恢复方式之一。比如通过桑拿、浸浴等方式，热水可以促进血液循环、血管扩张与新陈代谢，加速机体放松，可以起到安神助眠的作用。

(2)按摩

按摩改善局部的血液循环，促进毛细血管扩张，加强营养的吸收和乳酸等的代谢。篮球运动员在训练后主要可做腰背肌、小腿、和肩带肌群的按摩放松。一般而言，按摩要沿着静脉、淋巴的回流方向，顺着肌肉的走向进行。运动员可以自我按摩、器械按摩、互相按摩或者医师按摩等。

(3)吸氧

篮球运动员在训练后也可以采用吸氧的方式快速消除疲劳。这是因为吸氧可以使血液中的含氧量提高，降低二氧化碳的浓度，吸氧的恢复效果十分明显。通过高压氧舱或者随身携带的小氧气瓶都可以实现。

5. 心理学方法

是指运用心理学的手段通过调节大脑皮层的机能帮助机体消除疲劳。

6. 药物方法

运动员有时会服用一些中西药进行缓解疲劳，但是注意一定要在药剂师的指导下进行。

第四节 篮球技战术训练的医务监督

因为大强度、高负荷的运动量以及激烈的对抗性，决定了篮球比赛和训练具有较高的损伤风险，导致篮球运动损伤的因素有很多，其中主要包括性别差异、季节因素、疲劳、专业技术动作、损伤史等五个方面。篮球运动常见的损伤部位主要是踝关节和膝关节，以及大腿肌肉拉伤等。有数据显示，大约有16%的女性篮球运动员发生过ACL损伤，发生率是男性球员的2～4倍。而且由它引起的慢性病和后遗症不仅会影响运动能力和生活质量，而且康复费用非常昂贵。由此可见，在篮球技战术训练中，医务监督工作显得尤为重要。

一、篮球训练场馆医务监督的硬件建设

（一）篮球训练场馆医务室的位置选择

设备健全的医务室应该是篮球训练场馆的标配，尤其是在高强度的技战术训练期间，应该优先选择具备先进医疗设施的场馆进行训练。这时候运动强度大。运动员的精神和心理也相对紧张，当球员的身心能量都消耗加剧时，运动损伤的发生概率就会随之提高，因此训练中的医务环节非常重要。首先医务室应该靠近主场馆、副场馆及运动员的休息区，以方便救治工作的展开。同时，医务室应该有宽敞的空间，分为就诊区、处置区及治疗区，可以同时容纳不同性别、多名球员的伤病处理以及

隐私保护；并配备临时隔离处置间及专用的卫生间，供有发热、急性传染病人的院前临时治疗使用；并且室内要有良好的通风系统保证卫生环境；要保证有效的通信讯号覆盖，以便于随时与外界进行通信交流；还要有方便的输送通道，包括通向训练场馆的通道和通往场馆外大门的最近的“绿色通道”，以备严重伤员能被快速送往相关专科医院等。

（二）篮球训练场馆医务室的物资配置

医务室要配置诊疗床、诊疗桌、制冰机、电冰箱、移动式紫外线灯、轮椅、担架、药械柜，以及电脑、电话、传真等。其中最重要的医疗设备包括便携式急救箱、氧气袋、除颤器、心电图机、便携式呼吸机、吸痰器、血糖仪、复苏球囊面罩等等。

一次性物品包括气管插管包、小夹板、脊柱板、清创缝合包、棉垫、绷带、无菌纱布、消毒酒精、酒精棉、无菌棉棒等等。常备药品应该包括抗感染类药、消炎药、治疗中暑、感冒等常见病的药物。

急救车载设备有升降式担架、氧气瓶、吸痰器、人工呼吸器除颤器等等。

二、篮球训练场馆医务监督的软件建设

（一）篮球训练场馆医务室的组织结构

1. 专业的医疗团队

首先，医务室要配备具有运动医学专业过硬、涵盖全科医学经验的医生和护士多名，护工两名，以及经验丰富的急救车驾驶员的医务团队。医务团队要定期参加有针对性的专项学习、培训、考核，保证场馆内的医务工作紧跟当前运动医疗前沿科技进展，掌握最新的运动医疗资讯和技术手段。

2. 高效的管理团队

训练场馆的医务室应该有专门的管理组织人员，向上负责与场馆领导沟通，向下对医务团队负责。对内负责建立医务室的规章制度、安全

意识，以及医务人员的工作制度和人员安排，对外与定点医院和疾控中心保持合作沟通，以及其他各种资源、人力、物资的管理调配工作。

（二）篮球训练场馆医务室的工作内容

1. 制定详细的工作预案

医务室要有根据时令气候等因素的各种工作预案。比如夏季球员中暑及脱水事件的应急预案；创伤救治应急预案；防猝死预案；突发心脑系统疾病预案；公共卫生事件应急预案及紧急医学救援预案。另外还有防火防爆防踩踏事件应急预案等，以保证医疗救助的针对性和有效性。

2. 现场监督

在篮球技战术训练期间，场地内要保证有两名医护人员现场跟随训练，主要负责训练期间篮球球员的现场急救，以及受伤球员的搬运工作。如果球队有专门的队医，队医对球员的身体健康情况、受伤史最为了解，那么医务室医务人员的工作则以配合队医为主。

第五章　篮球技术训练方案的设计与实践

篮球队要想在篮球比赛中打败对手，每名篮球运动员都需要具备扎实的技术水平。技术是战术的基础，是规范化的理想化的动作模式，更是运动行为与操作技巧的具体运用。运动员在比赛中以技术为基本手段展开进攻与防守，技术毫无疑问是篮球运动中必不可少的一部分。篮球运动员需要通过系统的技术训练才能掌握篮球技术要点，熟练应用篮球技术。本章将介绍篮球基本技术、重点技术的训练方法、训练实战方案，对技术运用的相关案例进行简要分析，旨在帮助广大教练员与运动员开展篮球技术教学与训练。

第一节　篮球基本技术训练与方法

一、运球技术

（一）技术动作分析

1. 高运球

高运球技术指篮球运动员在运球时，两腿微曲，上体略微向前倾斜，眼睛平视前方，以上肢的肘关节为轴，前臂自然地伸屈，手腕、手指稍稍用力，拍向篮球的后上方。在进行高运球时，篮球运动员需要手脚协调配合，将球的落点控制在运球同侧手臂与脚的外侧前方，保证球的反弹高度处于胸部、腹部之间（图 5-1）。

图 5-1　高运球

2. 低运球

低运球技术指篮球运动员在运球时，两腿迅速弯曲，重心快速下降，上体保持向前倾斜的姿势，用上体和腿保护位于体侧的球。与此同时，手腕和手指快速拍打球的后上方，将球始终控制在膝关节以下。运动员在低运球过程中，应该尽量保持双眼平视前方，降低重心，时刻警惕，防止球被对方球员拦截(图 5-2)。

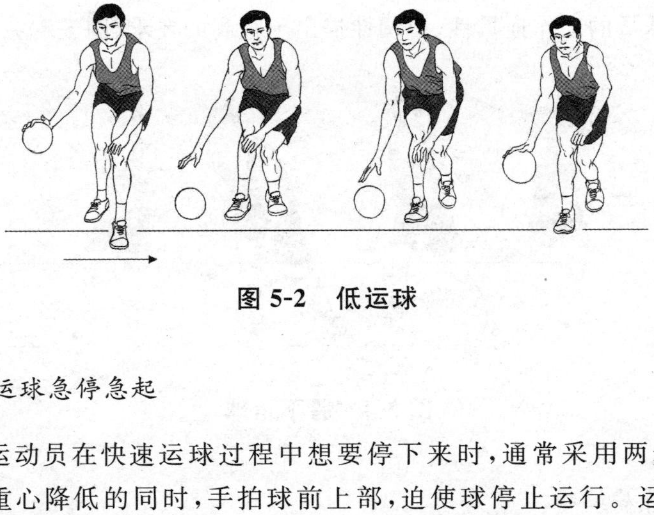

图 5-2　低运球

3. 运球急停急起

当运动员在快速运球过程中想要停下来时，通常采用两步急停。在身体重心降低的同时，手拍球前上部，迫使球停止运行。运球急起时，运动员的双脚同时用力向后蹬，上体快速前倾启动，与此同时，拍球的后上部，人、球就能够做到一起快速前进。运动员在运球急停急起的过程中，应该注意在合适的时间降低重心，合理、灵活控制球的运动(图 5-3)。

图 5-3　运球急停急起

4. 胯下运球

当防守球员迎面遇到对方球员的围追截堵，通常采用胯下运球技术，摆脱对手。

现以右手运球为例简单介绍下胯下运球技术。当运动员准备变向时，右脚在前，左脚在后，右手按在球的右侧上方，用力将球从两腿之间运到身体的左侧，接下来左脚上前，换左手进行运球，同时向前进。胯下运球对球员的动作连贯性、协调性提出了很高的要求（图 5-4）。

图 5-4　胯下运球

5. 背后运球

当运动员面对对手的紧逼，无法在体前进行变向运球时，通常采用背后运球。

现以右手运球，向左侧变换方向为例介绍下背后运球技术。当运动员准备变向时，右脚在前，左脚在后。右手将球迅速拉到身后，转腕拍球的后右方，将球拍至身体的左前方，同时左脚向前，整个身体向前前进。

背后运球技术需要运动员的换手动作协调，速度较快（图 5-5）。

图 5-5　背后运球

6. 体前变向变速运球

若运动员想从对手的右侧进行突破，则应该先向对手的左侧运球，引诱对手将身体向左方倾斜，同时，运动员突然向右侧转变方向，右脚向左前方大步跨出的时候，右手拍球的右侧上方，并用肩膀挡住对手，用左手接球，拍球的后上方，最终顺利从对手的右侧运球突破。体前变向变速运球技术需要运动员将重心放低，顺势转体探肩，用力蹬跨，动作衔接快速、自然、连贯，换手后注意加速前进（图 5-6）。

图 5-6　体前变向变速运球

7. 转身运球

当对手在右路进行堵截时，应采用转身运球技术。运动员应上左脚并微微屈膝，将身体的重心移向左脚，与此同时，以左脚的前脚掌为轴向后转身，右手将球拉到身体的后侧，拍球至身体外侧，换左手进行运球，加快前进速度，超越对方的防守（图 5-7）。

图 5-7　转身运球

（二）技术训练实战方案

1. 原地高低运球训练

左右手交替进行原地体前高低运球训练。训练者需要注意控制每次高低运球的时长和两种运球方式之间的转换。

2. 原地胯下左右运球训练

训练者右手持球发力使球从胯下反弹至左侧，左手快速迎引球，再发力使球从胯下反弹至右侧，双手交替进行，反复练习。

3. 原地体侧前后推拉运球训练

此训练要求训练者两脚前后站立，运球手拍击球的后上方，令球向前弹出。此时,运球手迅速前移至球的前上方,再次拍球使球弹回。按照此方法反复练习。

4. 对抗运球训练

两人为一个小组,每名训练者运一个球,在保护好自己球的情况下,寻找合适的时机将对方的球打掉。此训练方式也可以调整为好几个人为一组,在固定区域内同时训练。

二、传接球技术

(一)技术动作分析

1. 传球技术

(1)双手胸前传球。此技术需要运动员保持基本站姿,双眼朝向传球的方向。与此同时,双手持球,放于胸腹之间,两肘保持自然弯曲,放于体侧。传球时,后脚用力蹬地,重心前移,两臂前伸,双手的手腕向内旋,拇指用力向下压,食指、中指共同用力拨球将球传出。当球传出后,运动员应立即将身体调整为基本站姿(图 5-8)。

图 5-8　双手胸前传球

(2)双手头上传球。此技术需要运动员将双手的指尖朝上,手持篮球侧面,将球放于头顶,肘部保持微微弯曲。运动员向传球的方向跨步的同时,手腕向后转,将球移至脑后并向前抛出。此后,手腕随即向下转,做好随球动作。

(3)单手肩上传球。此技术需要运动员先双手将球抱于胸前,双脚平行站立。以单手右手传球为例,在传球时,左脚朝传球的方向迈出一小步,同时右手托球,将球引向右肩,肘部用力向外展开,使上臂与地面近乎呈水平,手腕顺势后仰。此时,左肩朝向传球方向,重心转移到右脚上,右脚用力蹬地,身体小幅度旋转,右臂快速向前挥摆,篮球通过中指、食指向前弹拨传出。在球出手后,运动员应顺势向前迈出一小步,以维持重心的平衡,保持基本站姿(图 5-9)。

图 5-9 单手肩上传球

2. 接球技术

(1)单手接球。以右手接球为例讲解此技术。运动员需要仔细观察来球方向,右脚向来球方向迈出一小步,右臂微微弯曲,五指自然分开,呈勺型迎向抛来的球。当手接到球后,手臂顺势向后方撤,收起肩膀,上体稍稍向右后方转动。随后,左手上前帮助运动员将球握于胸前。接高球时,运动员需要跳起以便做到单手顺利接球,通常在手尖触球后卷腕,再把球顺势引到胸前(图 5-10)。

图 5-10 单手接球

(2)双手接球。运动员需要集中注意力,双眼紧盯来球的方向,以便双手接球。准备时五指自然分开,两拇指相对呈现八字,两手均呈勺型,主动向前迎臂接球,同时保持肩、臂等身体各部位呈放松状态。接球时,运动员的指端先触到球,同时两臂向后撤缓冲掉来球的力量,避免受伤。随后,回归到准备姿势以便衔接接下来的动作(图 5-11)。

图 5-11　双手接球

(二)技术训练实战方案

1. 原地传接球训练

(1)两人一起面对面做传接球训练,或进行对墙训练,传接球的间隔距离可以由近到远进行不断的调整。运动员在训练过程中,需要利用各种方法抛出、接住反弹回来的球。

(2)原地跨步,另一个人从不同方向抛球,训练者需跳起接来自不同方向的传球。

2. 移动传接球训练

(1)两人为一个小组,持有一个球,面对面站立,相隔四米。其中一人原地传球,另一人不断向前后、左右移动接球,待传球次数达到一定数量后,进行交换训练。

(2)迎面上步传接球训练。训练者排成一列纵队,①持球站在距离纵列 7 米的位置上。②上步接①传过来的球并将球回传给①,随后跑至队尾。③④⑤按照相同的方式依次接球、回传,反复训练。若想要增加此种训练方法的难度,可以要求训练者进行跑动接球、急停、上步传球等(图 5-12)。

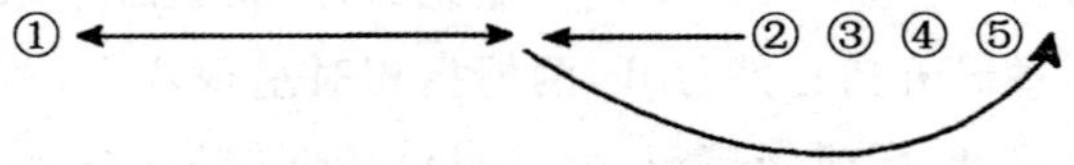

图 5-12　迎面上步传接球训练①

(3)横向移动换位传接球训练。此训练方法要求四人为一个小组呈口字型站位,每人之间相隔 3～5 米。四人拿两球,其中,④、⑤各拿一球,训练开始时,④、⑤分别传直线球给⑥、⑦,然后两人迅速横向换位,并在换位结束后顺利接⑥、⑦的回传球。⑥、⑦传球后同样需要换位后再接球。如此反复练习。此训练也可以调整为一组只原地传接球,而另一组不断横向移动进行传接球(图 5-13)。

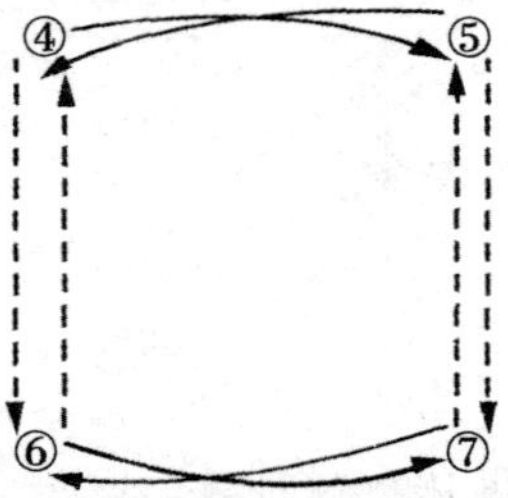

图 5-13　横向移动换位传接球训练②

三、防无球队员技术

(一)技术动作分析

1. 防接球

防接球作为一种防守技术是防守无球队员的首要任务。防守球员在防接球时,需要扩大自己的视线范围,在视野中能够同时观察对手和球的运动情况,做到"人球兼顾"。同时,保持规范的防守姿势,双膝微

① 周龙,吕俊莉. 高校篮球综合训练理论与实践[M]. 北京:当代中国出版社,2011.
② 同上.

屈，重心降低，做好随时向任何方向起动的准备。防守球员要特别注意在动态过程中，在对手与球之间，始终保持在偏向对手一侧的断球路线上，若伸出手臂就能够形成“球——我——他”的钝角三角形。

在防接球时，需要注意以下几方面的内容：

(1)防守球员需要具备较强的预测性，主动积极采取各项行动防止对手接触球，尤其是要在有效攻击区内做好接球防守。

(2)防守球员应该时刻保持警惕，即使接球球员正处于被动，也需要积极跟防，防止对手达到接球的目的。

2. 防切入

防切入防守技术针对进攻球员试图切入或已经摆脱切入的情况。在运用此技术时，应该遵守“人球兼顾、防人为主”的主张，一旦发现对手有行动，就采取多种防守方法，如堵截、抢前等，打乱对手节奏，降低对手的进攻速度，破坏对手的起动时机。防切入的重点在于切断对手的接球路线，若对手已切入迎球方向，则需进行堵前防守。对手即使能够成功切入，但没有获球的机会，威胁也会大大降低。

3. 防摆脱

防摆脱是一种非常有效的防守技术。防摆脱指对无球进攻球员摆脱的限制。进攻球员在后场的摆脱通常采用快下接球进攻，防守球员在此时需要积极防守，在对方的传球路线上实施堵截。在比赛中，防守无球队员关键是要做到抢占有利的防守位置。

(二)技术训练实战方案

1. 强侧、弱侧防守训练

进攻球员始终在外围进行传球，不允许穿插、掩护。防守球员根据球的位置选择合适的防守位置，并积极防守摆脱接球，在多次练习之后攻守转换。

2. 抢位与防底线突破训练

防守者在进行抢位、防底线突破的训练过程中，若前锋队员在限制区两侧 30°以下的位置进行接球，防守者应该卡堵其底线突破，抢防底线突破位置，禁止对方从底线突破。若对方靠近底线的一只脚在前，防守者应先堵死底线一侧。若对方从底线突破，防守者应快速滑步，结合堵截步将对方限制在底线之外。训练中需要防守球员迅速到位，注意防突破，并认真防守对方的下一个技术动作。

四、防有球队员技术

（一）技术动作分析

1. 防运球

防守球员防对手运球是为了降低对手的运球、进攻速度，防范对手在运球中的突破，使进攻球员改变运球方向，防止进攻球员在篮下运球。防守球员在防守时应该采用撤步和滑步，并在移动过程中做到积极超前防守，抢在运球者之前实施堵截，迫使进攻球员向边线、场角或较为拥挤的地方移动，大大降低其投篮的机会。若进攻球员通过变速变向、急起急停以求顺利摆脱防守，此时防守球员应找准时机积极抢前，随后向后移动，占据有利位置，不断变换步法实施阻截。

2. 防传球

防守球员防传球的主要目的是禁止对手将球传到内线区域，造成攻击威胁。防守球员在进攻球员接到球后，要做到眼不离球，选择合适的位置，与进攻球员保持适当的距离，并根据场上对手球员的位置、动作，依据自身的经验判断对手的传球意图，不断挥动手臂，采取及时的干扰与封堵。与此同时，防守球员应该阻止对手向内线进行不断的传球，若进攻球员的运球成“死球”，防守球员要立刻上前逼近，进一步封锁传球路线。

3. 防投篮

防投篮就是为了防止对手投篮得分。防守球员在对手接到球后要做到球到人到，采用斜步防守贴近对手到一臂距离，以便伸手就能够到球。同时，举臂挥动，干扰进攻球员投篮，并用另外一只手臂伸向侧方，防止对手突破或传球。防守球员在防止对手投篮时，应该准确判断对手投篮的时机，识别假动作，即时起跳挥舞手臂实施干扰，或封堵球的出手位置，或改变球的飞行轨迹，以便达到降低对手投球命中率的目的。防守球员防投篮的关键在于反应要及时、迅速，在对手投出球的瞬间用手臂及时干扰或封盖。

4. 防突破

防突破技术在于防止进攻队员的持球突破。常见两种方法：背对球篮突破持球队员的防守、面向球篮持球队员的防守。

(1)背对球篮突破持球队员的防守。当防守球员处于近篮区，背向或侧向球篮接球的运动员时，常采用此种防守方法。防守队员要始终处于“你——我——篮”的有利位置上，避免紧贴对手。对方接到球后，若两脚前后站立，后脚可作为中枢脚进行转身突破，防守球员就必须重点防范转身一侧。若对手采取转身变向突破，防守球员可以顺势向后撤，采取前逼、侧跨步阻截。若对手在接球后两脚平行站立，防守球员需要具体情况具体分析，充分考虑接球位置与球篮间的距离，距离较近时主要防投篮，距离较远时主要防突破。

(2)面向球篮持球队员的防守。选位在此防守技巧中十分重要，防守队员应该关注进攻球员的接球位置、进攻球员与篮球的距离和角度、来球的方向、同伴防守球员的位置等，争取做到堵强手、放弱手，迫使对方改变进攻方向，变换突破步法，放慢进攻速度，以便于自己利用撤步、滑步，阻止对手的进攻。

(二)技术训练实战方案

在进行防有球队员的训练中，防守队员需要始终与进攻球员保持一臂内的距离，及时识破对手的进攻方向、进攻意图，始终遵守堵中路、堵强手的原则，破坏、制约对手的进攻。

1. 半场一对一攻防训练

两人为一组，一人持球进攻，一人防守。进攻者可以采用运球、突破、投篮等动作，防守者则练习防投、撤步、滑步、伸臂干扰等动作。抢篮板球后进行攻守转换。

2. 全场一对一攻防训练

进攻者持球采用各种方式创造投篮机会，防守者跟随进攻者积极移动，在移动过程中练习各种步法，选择有利的防守位置，伺机抢球、打球。若防守者不慎被突破超越，应迅速运用撤步、交叉步进行追防，尽快回到有利的防守位置上。

第二节　篮球重点技术训练与方法

一、持球突破技术

（一）技术动作分析

1. 原地持球交叉步突破

以右脚作为中枢脚简单介绍下原地持球交叉步突破技术。在进行突破前，运动员双脚自然分开，与肩同宽，膝盖微微弯曲，降低身体的重心，双手在胸部、腹部之间持球。突破时，迅速将左脚前脚掌的内侧蹬地，稍微向右转动上体，向前下压左肩，向右前方移动重心，向右侧前方将左脚蹬地，把球引在身体右侧，蹬地并向前跨出右脚，迅速超越防守（图 5-14）。①

2. 原地持球同侧步突破

以左脚作为中枢脚简单介绍下原地持球同侧步突破技术。进行突破前的准备动作、准备姿势与原地持球交叉步突破无异。在突破时，右脚向右前方跨出一小步，身体右转、探肩，重心前移，右手运球的同时左脚前脚掌蹬地，并顺势向右前方跨出左脚，以突破对方球员的防守。运动员在实施此技术时，应该时刻保持重心前移（图 5-15）。

① 陈杰．篮球运动教学理论创新与实战技巧研究[M]．北京：中国原子能出版社，2018.

图 5-14　原地持球交叉步突破

图 5-15　原地持球同侧步突破

3. 行进间突破

此技术指运动员在同伴传球的配合下，在快速移动的过程中接球急停，积极主动抢占、创造有利位置，并配合持球突破技术进行进攻。运动员在快速移动的过程中，若看到队友向自己方向传的球，就需要将手臂迅速伸展到来球的方向，做好迎球的准备。与此同时，一脚蹬地，双脚稍稍离开地面，腾空跃起，充分利用与对方防守成员的位置差，向前方或侧方跳起接球。双脚先后或同时落地后，重心快速下移，此时需要保持膝盖弯曲、身体平衡，控制好手中的球，防止对方防守球员拦截。接下来，运动员需要充分观察防守队员的位置和具体情况，选择原地持球交叉步或同侧步进行突破（两种持球突破技术已讲解过）。在进行行进间突破时，需要注意以下几点：

(1)充分协调摆脱移动、伸臂迎球、跨跳的衔接。

(2)在接球急停时，注意保持身体的平衡。

(3)突破起跳需要迅速，并在极短时间内在交叉步突破和同侧步突破之间进行选择。

(4)在行进间突破的过程中，时刻注意保护好球。

4. 转身突破

(1)前转身突破。以左脚作为中枢脚简单介绍下前转身突破技术。在进行前转身突破时，重心移动到左脚上，右脚的前脚掌内侧用力蹬地，并开始以左脚为轴旋转碾地，右脚随前转身的同时向球篮跨步，上体左转，压左肩。右手将球推到同侧脚的前方，待球离手后，左脚蹬地并向前跨出，最终顺利突破对手。此过程运动员应注意重心稳，转身动作与突破动作衔接自然、连贯。

(2)后转身突破。以左脚作为中枢脚简单介绍下后转身突破技术。运动员需背向球篮，双脚自然分开，平行或前后开立，两膝自然弯曲，身体重心下移，双手持球放于腹前。进行突破时，运动员需要以左脚为轴，转身向后方，并将右脚移动到右侧后方，脚尖指向侧后方，上体向后转动，压右肩。右手朝向右脚前方推球，同时左脚向内侧蹬地，向球篮方向跨出，左手运球，最终突破防守。此技术需要运动员保持重心平稳，注意各动作之间的自然衔接。

(二)技术训练实战方案

1. 有防守时的持球突破训练

此训练要求⑤斜插向圆顶,接来自④的传球并进行突破,△8边往后退边防守。④传球后,到原⑤的队尾,几名训练者依次进行连续练习。⑤进攻后到⑦的队尾,△8防守后去⑥的队尾,接球者主动迎上前,传球到位,训练者在突破时应该注意降低重心,时刻保护好手中的球(图 5-16)。

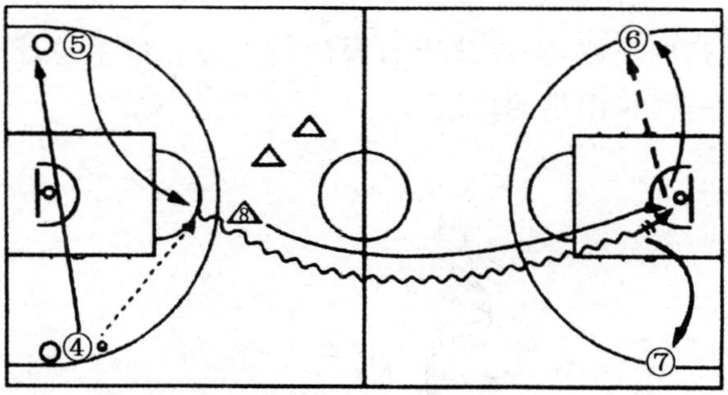

图 5-16　有防守时的持球突破训练[①]

2. 无防守时的持球突破训练

(1)每人持一球,进行原地持球交叉步与同侧步突破训练,利用该训练帮助练习者体会技术动作要领,帮助运动员身体的各部位能够做到协调配合。

(2)接球急停突破训练。两个人为一个小组,无球球员向有球队员示意接球的方向,随后移动接球急停做交叉步或同侧步突破,两人轮流进行训练。

---

① 周龙,吕俊莉．高校篮球综合训练理论与实践[M]．北京:当代中国出版社,2011.

二、投篮技术

(一)技术动作分析

1. 原地单手投篮

以右手作为惯用手进行投篮为例简单介绍下原地单手投篮技术。

运动员在单手投球前应首先掌握正确的持球方法。投篮手五根手指自然分开,手腕后仰,掌心向上,手心空出,大小拇指间的夹角保持在80°左右,使运动员能够很好地控制住球。手指跟即以上部分托住球的后下方,左手扶球左侧,将球放于右眼的前上方。单手持球应使球体的重心落在右手食指、中指的指跟部位(图 5-17)。

图 5-17 原地单手投篮持球方法

准备时,双脚自然分开,右脚稍稍在前,身体重心保持在两脚中间。弯曲手肘,两膝微微弯曲,上体保持放松并略向后倾,双眼集中于篮点位置。球员投球时,下肢用力蹬地,并做伸腰展腹的动作,抬肘的同时向前伸前臂,手腕前屈带动手指拨球,最后利用食指、中指两根手指将球拨出,当球离开手后,右手臂自然跟进。在投球时,运动员要准确借用手腕的力量,关注球在空中飞行的弧度(图 5-18)。

2. 原地双手胸前投篮

运动员在进行此动作时,需要首先掌握双手持球的方法。

双手五指自然分开,用手指指跟以上的部位握住球两侧稍后的位置,两拇指相对,呈现八字形,握球时应该注意掌心不接触球,只有手指和手掌触球。同时，两臂自然屈肘，肘关节保持下垂，将球放于胸与下巴之间。

图 5-18 原地单手投篮

准备时，两脚左右或前后分开站立，两腿微微弯曲，前脚掌着地，上体微微前倾，眼睛始终注视篮点。在投球时，运动员弯曲手肘使球靠近身体，两脚用力蹬地，身体伸展，两臂向前方伸出，两拇指使劲，配合食指、中指将球朝上前方用力拨出，同时手腕稍向外侧翻，球得以顺利旋转飞行。此种投篮方式需要运动员把握好球的弧度，提高投球的命中率。

3. 原地跳起投篮

此方法又被称为“跳投”，适用于各种距离、角度，方法简单、多样，易于得分。原地跳起投篮主要是指原地跳起单手投篮，此方法的篮球出手动作与原地单手投篮基本相同，只是增加了投篮前的起跳，使得投篮动作在空中进行（图 5-19）。

图 5-19 原地跳起投篮

4. 行进间投篮

行进间投篮俗称“跑动中投篮”，其主要特点是在快速的移动中完成投篮动作，整套动作没有停顿，一气呵成。要想完成此动作，投篮球员需要拥有良好的弹跳能力、滞空能力和较快的速度，凭借个人的持球、运球能力闪开或躲避对手的干扰，争取到合适的空间高度，利用空隙位置，快速换手，采用不同的出手方式并通过腕、指的配合，将球投入球篮。常见的出手方式有高手、低手、勾手等等。

行进间投篮技术中包括许多具体的技术，其中，单手高手投篮最为常见。在激烈的篮球比赛中，运动员在切入篮下后通常采用此方法进行投篮。现以右手投篮为例，简单介绍下行进间单手高手投篮技术。

当球在空中运行时，运动员的右脚向来球方向或投篮方向迈出一大步，以便顺利接球。接球同时左脚向前跨出一小步，脚跟随即着地，上体稍稍向后仰以维持身体的平衡，并用力蹬地起跳，右腿屈膝，左脚蹬离地面。双手将球举向前上方，待身体腾空后，右臂向前上方伸展，腕、指同时配合将球拨出。球出手后，两脚同时落地，两腿快速弯曲起到缓冲的作用。此技术需要运动员把握好节奏，起跳充分，举球、伸臂等一系列动作自然流畅，用力适度(图 5-20)。

图 5-20 行进间单手高手投篮

5. 扣篮

扣篮作为一种直接将球从上向下灌入球篮的方法，需要运动员具备良好的身体素质，常见的扣篮方法有原地双脚起跳双手扣篮、行进间单脚起跳单手扣篮。

(1)原地双脚起跳双手扣篮。运动员双手持球,双脚蹬地腾空,双手将球举过头顶至最高点,充分伸展身体,与球篮构成最佳射入角后,双臂用力前屈,用爆发性的屈腕、压指动作将球猛地扣入篮筐。

(2)行进间单脚起跳单手扣篮。运动员在行进过程中,大步跨出顺利接球,另一脚向球篮跨出一小步后尽力跳高,单手将球举到最高点,在略高于球圈的位置用爆发性的屈腕、压指动作将球自上而下扣入篮筐。

(二)技术训练实战方案

1. 原地投篮训练

(1)对墙投篮训练。运动员站在距离墙 3～4 米的位置,面对墙做原地投篮练习或跳起投篮训练。在训练过程中体会投篮的手法和用力的顺序,保证投篮动作的规范性。

(2)两人面对面投篮训练。运动员分为两组,相对站立。训练时,依次将球投到对方的头上方。

(3)半场移动接球投篮训练。在实际训练过程中,①传球给④,再移动接④的回传,之后迅速做原地投篮或跳起投篮,两人抢篮板交换位置(图 5-21)。

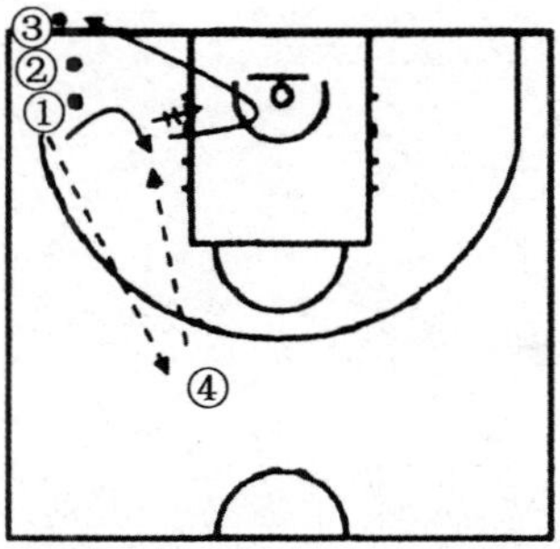

图 5-21 半场移动接球投篮训练①

(4)定位定量投篮训练。两人共同持有一球,一人负责传球,投篮者在规定的位置完成数次投篮后两人交换,可以相互比较投篮命中率。

---

① 王培菊,李剑,篮球技战术教学与训练[M]. 北京:北京体育大学出版社,2018.

2. 行进间投篮训练

(1)训练者自己抛接球,练习跨步接球后起跳举球投篮。

(2)原地跨步"拿"球上篮训练。一人拿一球,侧面对着球篮,单手将球托出。以右手投篮为例,训练者需保持左脚在前,右脚在后,右脚向前跨一大步拿住手中的球,左脚同时上步跃起,做出单手高手的上篮动作(图 5-22)。

(3)半场传接球上篮训练。训练者传球给后弧线队员,侧身跑动接回传球上篮(图 5-23)。

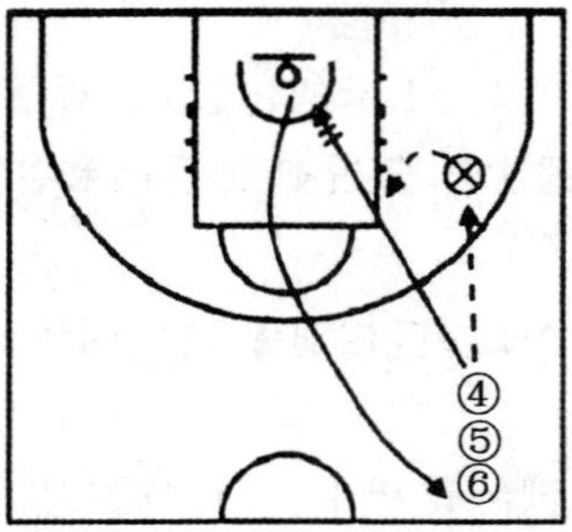

图 5-22 原地跨步"拿"球上篮训练①

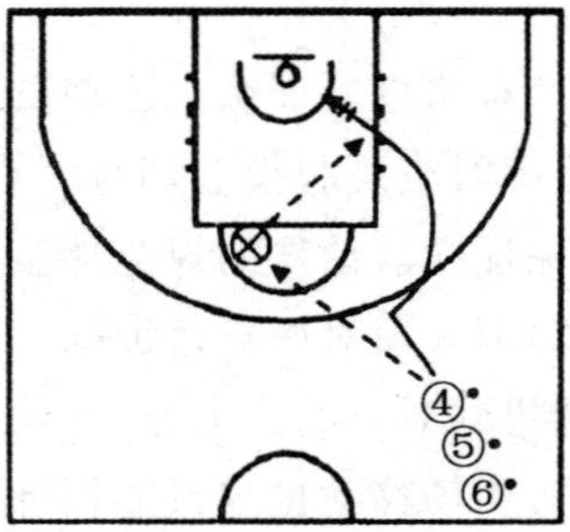

图 5-23 半场传接球上篮训练②

三、抢篮板球技术

(一)技术动作分析

1. 抢进攻篮板球

处于篮下或内线的球员在抢进攻篮板球时,需要及时判断篮球的反弹方向,利用假动作挤到对方身前,助跑起跳到最高点进行补篮或获取篮板球(图 5-24)。

① 王培菊,李剑,篮球技战术教学与训练[M]. 北京:北京体育大学出版社,2018.

② 王培菊,李剑,篮球技战术教学与训练[M]. 北京:北京体育大学出版社,2018.

图 5-24　抢进攻篮板球

2. 抢防守篮板球

当进攻球员投篮时，球员在篮下防守，并根据场上情况运用上步、撤步、转身等动作将进攻球员挡在身后，占据有力的位置。在篮下进行抢位、挡人，经常采用后转身挡人，两肘外展，抢占大面积空间(图 5-25)。

图 5-25 抢防守篮板球

(二)技术训练实战方案

1. 起跳与空中抢球训练

(1)原地连续双脚起跳,单手或双手触篮板或篮圈 15 次。

(2)前后转身跨步连续起跳,单手或双手触篮板或在空中标记 15 次。

(3)训练者自抛自抢,跳到最高点时,单手或双手抢球 20 次。

2. 对抗条件下抢篮板球训练

(1)半场二攻二守,左投右抢训练。两名进攻球员分别站在球篮两侧 45°角的位置上,距离篮球约 5～6 米处。若左侧投篮,右侧的进攻球员要积极上前冲抢篮板球。若右侧进攻成员顺利抢到篮板球,则需要将球拿到右侧 6 米处投篮,换左侧球员积极上前冲抢篮板球。两名防守队员若抢到五次篮板球,攻守双方换位。

(2)攻守对抗抢位抢篮板球训练。球员两人作为一个小组,一人进攻,一人防守。在训练开始时,持球投篮碰板,攻守过程中拼抢篮板球(图 5-26)。

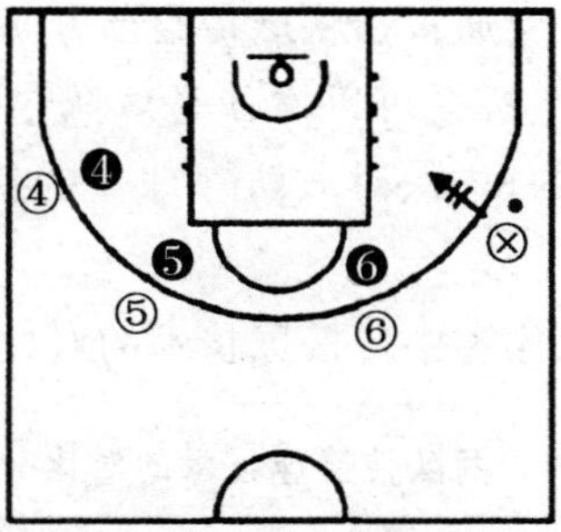

图 5-26　攻守对抗抢位抢篮板球训练[①]

(3)五对五抢篮板球结合快攻发动训练。半场五对五训练,投篮后,双方球员都需要积极拼抢篮板球。若防守球员抢到篮板球,守方应该明确接应第一传的队员与位置,防守球员在抢到球后,迅速转体将球传给接应第一传的队员。若进攻球员抢到篮板球则继续发动进攻。

---

① 王培菊,李剑,篮球技战术教学与训练[M]. 北京:北京体育大学出版社,2018.

第三节　篮球技术运用的案例分析

CBA现已成为国内的顶尖赛事，受到篮球球迷的广泛关注。2018—2019赛季是中国职业篮球联赛改革后的首个赛季，历届强队广东队和新疆队不负众望进入决赛，本节将以两支球队在4次比赛中的具体表现，分析对比各球队运用的各种技术，希望能够提高运动员的技术运用水平，为广大教练员和运动员提供技术参考。

一、进攻技术运用对比分析

(一)传接球技术运用的对比分析

流畅的传接球技术在篮球比赛中至关重要，是团队配合的基础，有助于球员在场上组织和执行战术任务。助攻是传接球技术的重中之重，球员通过配合、跑位、接球等活动传递球给己方队友并完成得分就会形成助攻得分。而创造机会通常指将球传给己方队友创造投篮机会后，队友投球未中的情况，创造机会可以看作是球队未能把握住的得分机会。队友的传球质量、自身的位置、对方防守球员的拦截等因素均会对传接球的质量造成影响。

广东队和新疆队在比赛中传接球技术的对比情况如表5-1所示。

表5-1　两队传接球技术的对比分析①

队伍	助攻	传接球失误	创造机会
广东队	91	29	40
新疆队	73	40	51
差值	18	−11	−11

① 张凡.2018—2019赛季CBA总决赛冠亚军技术运用的对比分析[D].华中师范大学，2020.

根据表中的统计结果显示，在助攻方面，广东队在此次系列比赛（共4场比赛）中的助攻情况优于新疆队，场均贡献出22.75次助攻，新疆队场均18.25次助攻。在传接球失误方面，广东队的情况略优于新疆队。在创造机会方面，广东队的情况也略优于新疆队。

相关研究人员通过对录像的分析发现，两球队的传接球情况完全不同。广东队球员轮转球非常流畅，球员之间配合默契，球员的传接球技术与投、运等紧密结合在一起，能在较短时间内完成单次转移球且传球目的明确、控球能力强。当遇到对手的夹击时，队员的接应速度快，传球大多数为行进间传球。所以，与新疆队相比，广东队的传接球质量高，失误次数更少，且部分外援球员能够制造出高质量传球，具备快速突破能力。而新疆队的传接球技术应用明显欠佳，许多大个球员的传球技术粗糙，极易造成失误，有效进攻的传接球数量有限，停球容易造成失误。

（二）投篮技术运用的对比分析

投篮技术作为场上唯一的得分方式，对比赛的结果具有重要的影响。

1. 两分球投篮技术运用的对比分析

广东队和新疆队在比赛中两分球投篮技术的对比情况如表5-2所示。

表5-2　两队场均两分球投篮技术对比分析表①

队伍	命中	总投篮	命中率（%）
广东队	32.75	54.50	60.10
新疆队	32.25	63.00	51.20
差值	0.50	−8.50	8.90

根据表中的统计结果显示，广东队的两分球场均总投篮数为54.50个，命中32.75个，新疆队的两分球场均总投篮数为63.00个，命中32.25个。很容易发现，广东队的两分球投篮命中率高于新疆队。

① 张凡．2018—2019赛季CBA总决赛冠亚军技术运用的对比分析[D]．华中师范大学，2020.

相关研究人员通过对录像的分析发现，广东队主要依靠外援个人的突破上篮技术和急停跳投方式作为主要的投篮方式，在投篮时，外援的抗干扰能力强，对抗后投篮的稳定性强，投篮命中率较高，较少使用强突强投的方式。广东队本土球员的两分球技术主要集中在错位的背身单打，较少使用持球突破上篮的方式。本土球员从接球到投篮，整套动作流畅连贯，特别是在运用错位的背身单打技术上，投篮命中率极高。而新疆队的大量控球权在外援上，其两分球技术主要运用篮下背身单打和突破上篮。高大的外援身体强壮，脚步灵活，敢于对抗，但是也容易产生失误，命中率一般。

2. 三分球投篮技术运用的对比分析

广东队和新疆队在比赛中三分球投篮技术的对比情况如表 5-3 所示。

表 5-3　两队场均三分球投篮技术对比分析表①

队伍	命中	总投篮	命中率(%)
广东队	10.25	25.25	40.60
新疆队	9.50	28.25	33.60
差值	0.75	−3	7

根据表中的统计结果显示，在三分球技术方面，广东队虽然总投篮数略低于新疆队，但是命中率高出新疆队 7%。

相关研究人员通过对录像的分析发现，广东队本土球员在三分球技术的运用上表现较为优异，主要通过接球后三分球投篮和运球后三分球跳投的方式得分。而新疆队外援球员与本土球员在三分球投篮技术的运用上有较大的差异。外援球员以换防后三分跳投和接球后三分球投篮两种方式为主，换防后三分跳投依靠速度摆脱防守球员的防守，将防守人甩在身后，因此投篮的命中率较高。本土球员多采用队友掩护的三分球投篮和空位接球投篮，由于队友掩护的三分球投篮需要借助高个球员的掩护，对抗强度小，但是易受到球员的正面干扰，命中率不高。

① 张凡．2018—2019 赛季 CBA 总决赛冠亚军技术运用的对比分析[D]．华中师范大学，2020.

二、防守技术运用对比分析

（一）防突破技术运用的对比分析

突破技术在比赛中非常常见，防守突破技术的重要性不言而喻。有效运用防突破技术可以避免对手冲击篮筐，限制对方得分。有时可以采取逼迫对手分球的方式，使对方消耗大量时间重新组织进攻，削弱对方战术执行的实施效果，甚至能够做到使对手丧失一次宝贵的进攻机会，挫伤对方球队的整体士气。

广东队和新疆队在比赛中防突破技术的对比情况如表 5-3 所示。

表 5-4　两队防突破技术对比分析表①

	单人防守	协防	总数	场均
广东队	156	65	209	52.25
新疆队	120	103	223	55.75
差值	36	－38	－14	－3.5

根据表中的统计结果显示，两支球队采用的防突破技术有很大的不同，广东队大多采用单人防守的方式，而新疆队单人防守与协防的次数相差不大。

相关研究人员通过对录像的分析发现，广东队常使用全场盯人战术，防突破技术常采用单人防守，只是在防守失位时对手会及时进行协防。防突破技术多见于脚步、手部动作的变化，广东队球员通常具备移动速度快、重心低的特点，在对方球员进行运球时，常用手部动作实施干扰，但对手突破之后，则大多采用移动跟随，以双手平举、高举的方式进行干扰。较少进行下手掏球，所以犯规的次数较少。相较而言，新疆队球员运用协防防守技术的次数较多，主要是因为后卫队员的身高不高，而且受到对手的针对，只能采取与对手之间的协防从而保护球员。

---

① 张凡．2018—2019 赛季 CBA 总决赛冠亚军技术运用的对比分析[D]．华中师范大学，2020.

(二)防投篮技术运用的对比分析

防守对手投篮是防守球员进行防守的首要任务,本节主要研究防守原地三分投篮的技术运用。防守投篮的方式和防守强度因投篮位置、形式的不同而有所不同。贴身防守指防守一臂距离之内的投篮;干扰防守指防守一臂左右距离的投篮;无防守或无干扰防守指在一臂距离之外进行的防守。

广东队和新疆队在比赛中防三分技术的对比情况如表 5-5 所示。

表 5-5 两队防三分技术运用方式的对比分析表①

	贴身防守	场均	干扰防守	场均	无防守或无干扰防守	场均	总数	场均
广东队	25	6.25	49	12.25	39	9.75	113	28.25
新疆队	28	7	38	9.5	35	8.75	101	25.25
差值	−3	−0.75	11	2.75	4	1	12	3

根据表中的统计结果显示,广东队和新疆队两支球队在防守三分球上的总数差别不大,但具体的防守方式略有不同。广东队的贴身防守低于新疆队 3 次,干扰防守多于新疆队 11 次,无防守或无干扰防守多于新疆队 4 次。防守方式反映出防守的方式和强度。从两队贴身防守次数较少、无防守或无干扰防守的次数较多的情况来看,两支球队在三分球的防守方面均存在疏忽。

相关研究人员通过对录像的分析发现,广东队在防三分球投篮时会出现无防、漏防的情况,主要在防突破分球投篮、防高位掩护回球后的投篮等方面出现了疏忽。在防突破分球投篮方面,广东队球员在对手连续突破得分后,球员在和同伴进行协防的时候,忽略了对方球员的跑位,从而造成补防不及时。在防高位掩护回球后的投篮方面,广东队球员多采取防突破技术,对对手的投篮预判错误。在比赛过程中,作为常见的防投篮技术是干扰对手三分投篮的防守。在三种防守技术中,在时间紧

① 张凡.2018—2019 赛季 CBA 总决赛冠亚军技术运用的对比分析[D].华中师范大学,2020.

张、对手无法进行传球的情况下，防守球员进行贴身防守，灵活变换脚步和手上防守动作，往往会收获很好的效果。

三、结论

通过对两支球队主要进攻、防守技术使用情况的对比分析，可以得出以下结论。

（1）进攻时，进攻球员之间的协同能力、进攻技术的选择在很大程度上影响比赛的胜负。

（2）防守时，防守球员的防守强度、同伴间的配合和防守技术运用的细节化十分关键。

第六章　篮球战术训练方案的设计与实践

篮球战术是篮球运动员在激烈的篮球比赛中发挥个人特长和集体力量的重要手段，而篮球战术训练是提高运动员篮球战术水平的重要途径与方法。在篮球训练中，教练员和运动员要共同根据比赛需要和实际情况而制订系统的、科学的及具有实效性的战术训练方案，设计丰富而新颖的训练方法，从而在长期坚持不懈的训练中不断提高战术能力和参赛能力，为取得理想的比赛成绩提供保障。本章主要对篮球进攻战术和防守战术的训练方法展开研究，并结合实例分析篮球战术的运用，从而为科学组织篮球战术训练及提高战术运用效果提供指导。

第一节　篮球进攻战术训练与方法

一、快攻战术训练方法设计

快攻是由守转攻时采用的战术方式，常见的形式有三种，分别是长传快攻、运球突破快攻以及短传结合运球突破快攻，分别如图 6-1、图 6-2 和图 6-3 所示。

完整的快攻包括发动和接应、推进以及结束共三个阶段。下面分析各个阶段的训练方法。

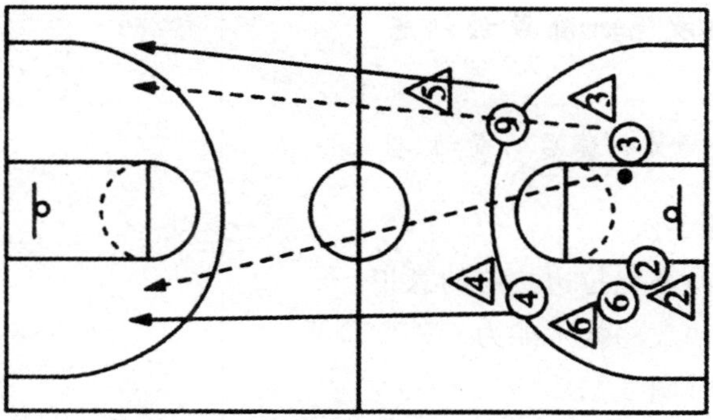

图 6-1　长传快攻配合示例①

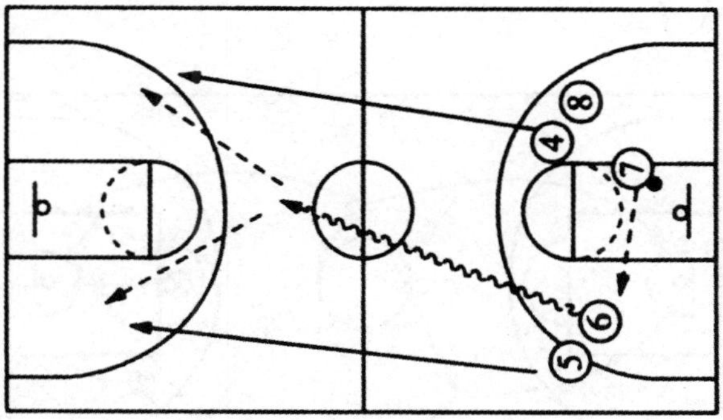

图 6-2　运球突破配合示例

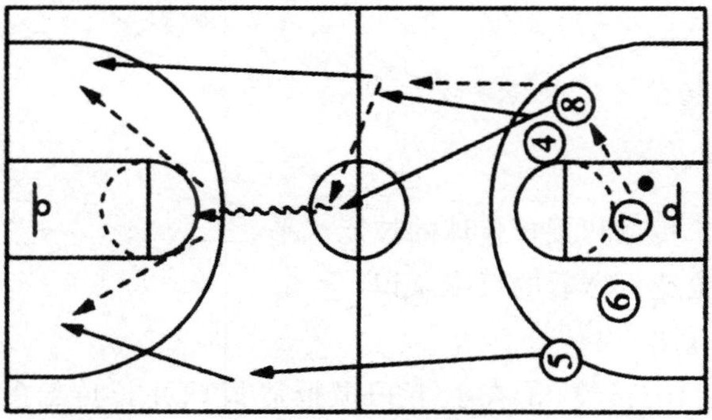

图 6-3　短传结合运球突破快攻配合示例

① 于平，王厚民．篮球运动[M]．合肥：合肥工业大学出版社，2014.

(一)快攻第一阶段的训练

1. 抢后场篮板球后的发动、接应练习

(1)目的

①培养与强化拉边接应的意识。

②提高快攻的技术能力。

(2)方法(图 6-4)

3 人一组,⊗投篮未中,其余两人抢篮板球,无论谁抢到,都要快速发动快攻,向拉边接应的另一人传球,二人配合进入前场上篮。三人互换位置反复练习。

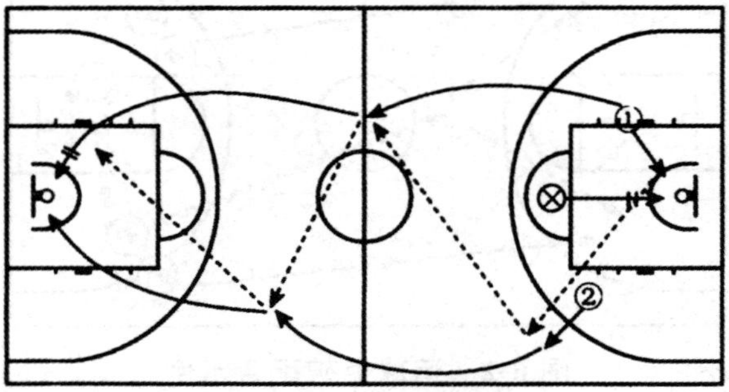

图 6-4　抢后场篮板球后的发动、接应练习①

2. 抢后场篮板球长传快攻

(1)目的

①提高长传球和接长传球的技能水平。

②强化抢篮板球后的反击意识。

(2)方法(图 6-5)

3 人一组,⊗投篮,①在篮下积极抢篮板球并长传给②,②接球上篮,①抢篮板球或补篮。三名队员互换位置反复练习。

---

① 于振峰．现代篮球战术学练设计[M]．北京:高等教育出版社,2013.

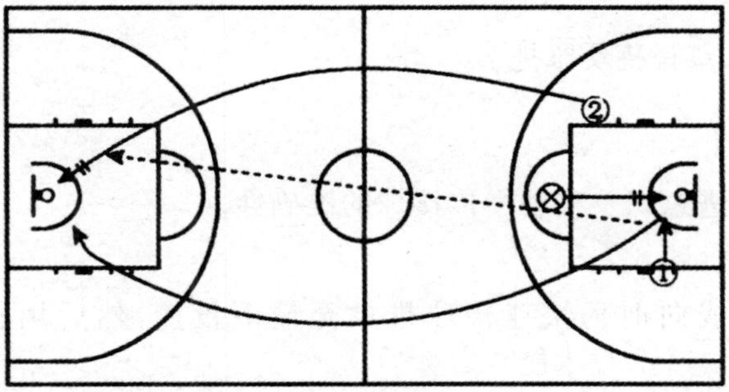

图 6-5　抢后场篮板球长传快攻

(二)快攻第二阶段的训练

1. 二人边线或中线短传推进

(1)目的

提高推进意识及移动中传接球的准确性。

(2)方法(图 6-6)

二人直线快速传接球至篮下投篮。

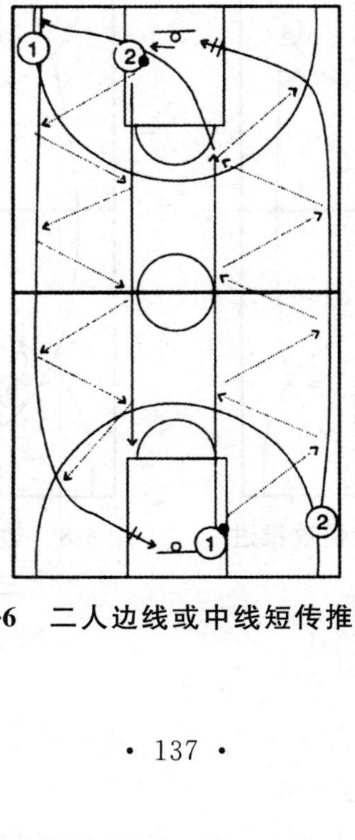

图 6-6　二人边线或中线短传推进图

2. 三人短传快攻推进

(1)目的

提高推进意识及移动中传接球的准确性。

(2)方法(图 6-7)

三人直线向前场快速传球推进至篮下投篮,然后用相同的方法返回。

3. 边线接应,中路运球三线推进

(1)目的

①培养与强化边线接应的意识。

②提高推进意识和运球能力。

(2)方法(图 6-8)

④抢篮板球,迅速给①传球,①再快速向插中的②传球,②从中路快速运球推进上篮,①和④沿边线快下做好接球准备。

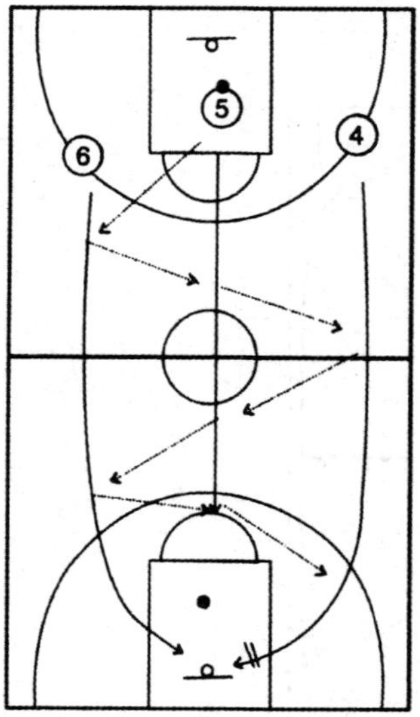

图 6-7　三人短传快攻推进

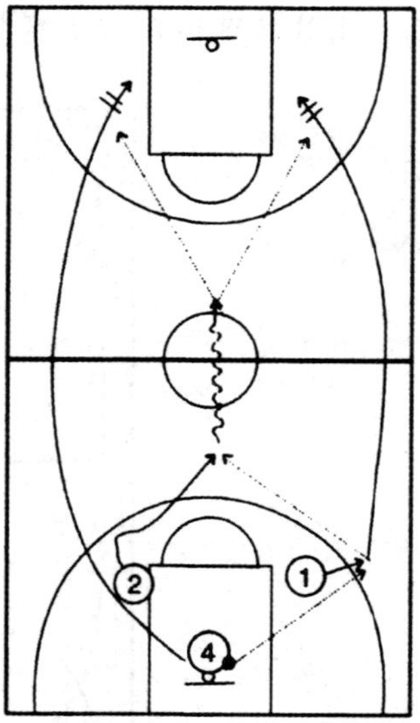

图 6-8　边线接应,中路运球三线推进

(三)快攻第三阶段的训练

1. 二攻一

(1)目的

促进二攻一能力的提升。

(2)方法(图 6-9)

⑤运球进入前场,遇到△6的堵截时给④传球,④接球投篮。△7抢篮板球。△6和△7与④和⑤互换位置继续练习。

2. 全场二攻二

(1)目的

①提高局部配合的熟练度。

②培养快攻反击的意识和能力。

(2)方法(图 6-10)

④和⑤在中线配合进攻,△6、△7进行堵截,④或⑤投篮后,△6或△7抢篮板球,由守转攻向另一侧篮下运球推进,△8、△9进行堵截。

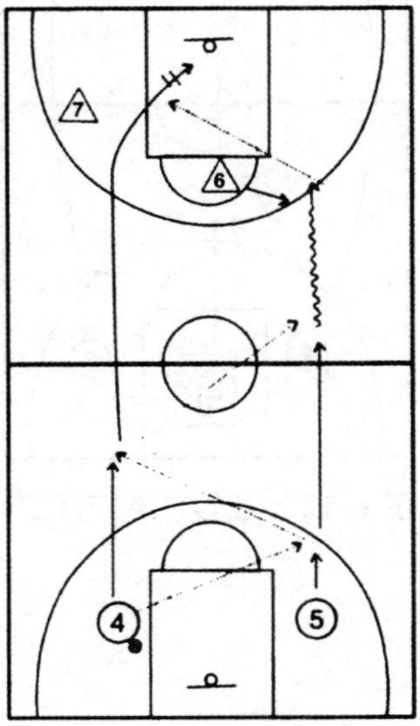

图 6-9　二攻一

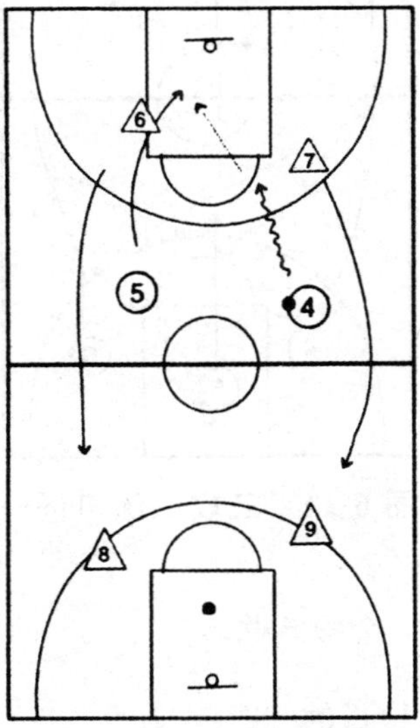

图 6-10　全场二攻二

3. 三攻二

(1)目的

提高对三攻二战术的熟练运用能力。

(2)方法

方法一：④、⑤、⑥利用运传球(运球、短传)组合技术而进入前场，⑦和⑧一前一后进行堵截。进攻方完成进攻后由攻转守，防守方由守转攻向另一侧篮下继续以运传球组合的方式推进，现在的防守队员同样前后防守(图 6-11)。

方法二：④、⑤、⑥通过短传和运球进入前场，⑦和⑧一左一右进行堵截。进攻方完成进攻后由攻转守，防守方由守转攻向另一侧篮下继续以运传球组合的方式推进，现在的防守队员同样左右平行防守(图 6-12)。

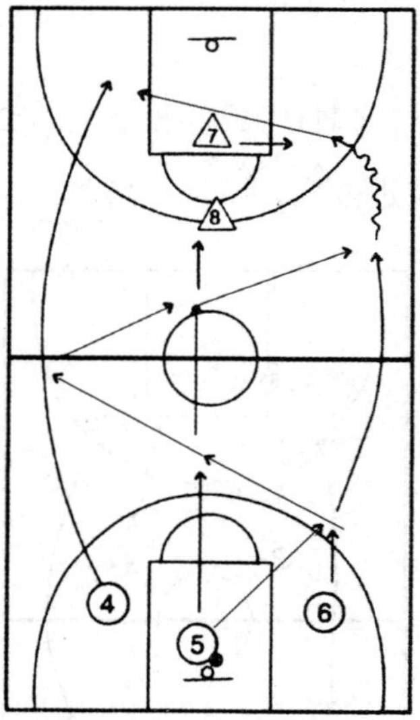

图 6-11 三攻二练习(一)

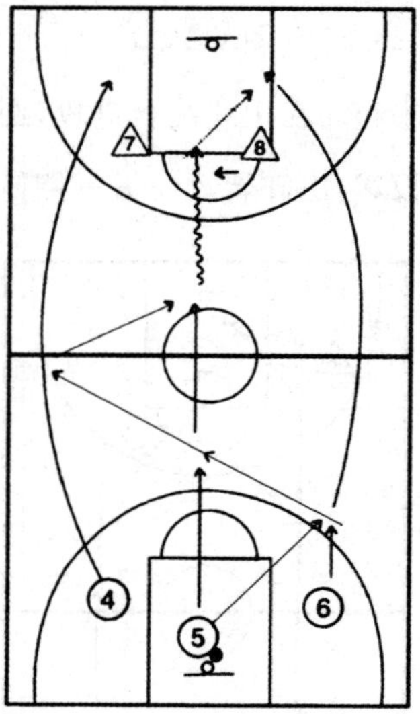

图 6-12 三攻二练习(二)

4. 全场三攻三

(1)目的

①提高局部配合的熟练度。

②培养快攻反击的意识和能力。

(2)方法(图 6-13)

进攻和防守各 3 人,④、⑤、⑥持球配合向前场推进,⑦、⑧、⑨积极堵截,抢断球或获得篮板球后快速展开进攻,此时④、⑤、⑥向端线外退出场地,换另一组的三名队员上场作为防守方继续练习。

5. 五人快攻

(1)目的

①提高对快攻路线的熟练度。

②培养快攻反击的意识和能力。

(2)方法(图 6-14)

④、⑤、⑥、⑦、⑧进行练习。⊗投篮,一名接应队员抢篮板球,其余队员在固定区域按已确定好的路线接应、快下、跟进。队员之间要配合好,把进攻节奏掌握好,准确传球,果断突破,顺利完成快攻任务。

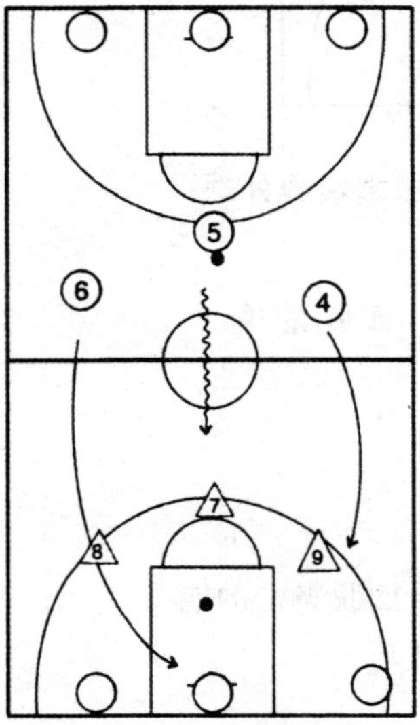

图 6-13　全场三攻三

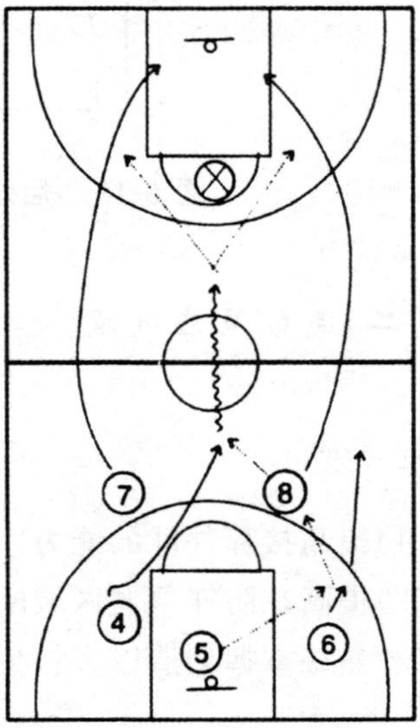

图 6-14　五人快攻

二、进攻区域紧逼战术训练方法设计

进攻区域紧逼战术是根据区域紧逼防守战术而设计的进攻战术,设计该战术要对防守方的薄弱环节有清楚的认识与了解,以己之长攻彼之短。

(一)后场三防二掷端线界外球

1. 目的

提高后场以多防少时摆脱接球的能力。

2. 方法(图 6-15)

④在球场一侧端线掷界外球,⑤伺机接球,⑥掩护⑤,△4、△5、△6进行堵截。互换角色重复练习。

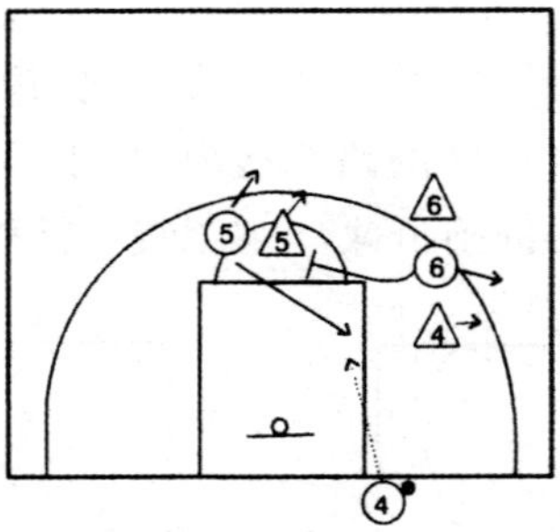

图 6-15 后场三防二掷端线界外球

(二)连续策应进攻 1—2—1—1 区域紧逼

1. 目的

(1)提高接界外球的能力。
(2)提高在防守薄弱区域配合进攻及摆脱夹击的能力。
(3)熟练掌握创造以多打少机会的技巧。

2. 方法(图 6-16)

①持球在端线做出给③传球的假动作,但实际上迅速传给快下且折回界外的②,①传球后迅速从左侧进场,△1和△2堵截②,②给快速插到后场罚球线附近策应的③传界外球,③接球后迅速给位于中场附近的④传球。④接球后再转身向弧顶附近的⑤传球。进攻队员传球后快速进入前场,制造以多打少的机会。

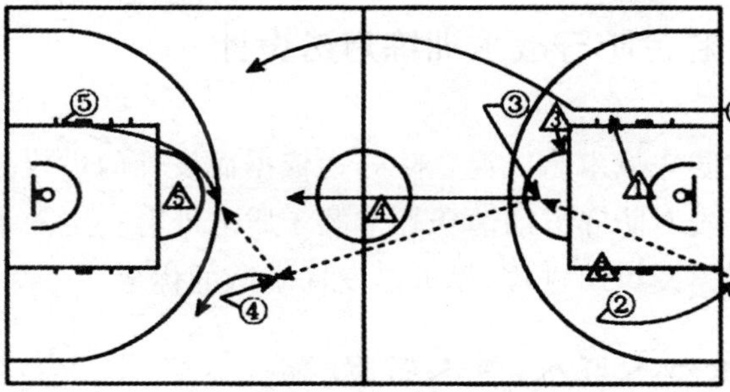

图 6-16　连续策应进攻 1—2—1—1 区域紧逼

(三)1—2—1—1 落位进攻 2—2—1 区域紧逼

1. 目的

(1)提高在防守薄弱区接球的能力。
(2)提高掩护配合、策应配合及摆脱夹击的能力。
(3)熟练掌握创造以多打少机会的技巧。

2. 方法(图 6-17)

①给②传球,②转身挡住△1而接球,然后向中线附近的④传球,④再给弧顶附近的⑤传球。此时①和③从两侧边路快下,创造以多打少的机会。若⑤无法成功策应,④持球在中路与从两侧边路快下的①、③形成三路进攻。

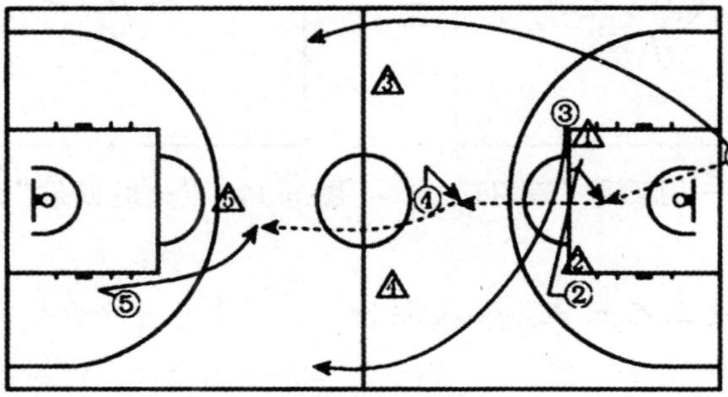

图 6-17　1—2—1—1 落位进攻 2—2—1 区域紧逼

三、进攻混合防守战术训练方法设计

进攻混合防守战术是以混合防守为依据而设计的进攻战术，设计与运用该战术需先对防守方的薄弱环节及矛盾之处有一定的了解，然后从本队实际情况出发组织进攻，尽可能发挥本队的优势。

（一）进攻一人盯人、四人联防

1. 目的

提高进攻队员通过掩护配合进攻"一盯四联"混合防守的能力。

2. 方法

方法一：如图 6-18 所示，⑥是被紧逼的队员，在⑦将球往侧转移到⑧时，④移动到罚球线外要球，⑥为⑦做掩护，⑦迅速切入篮下接⑧传球投篮。如此反复练习数次后，攻守互换。

方法二：如图 6-19 所示，⑥是被紧逼的队员，在⑧将球往侧转移时，⑥在底线为⑤做掩护，⑤迅速沿底线向另一侧移动接⑦的传球进攻，在一瞬间加重△4的防守负担。攻守互换反复练习。

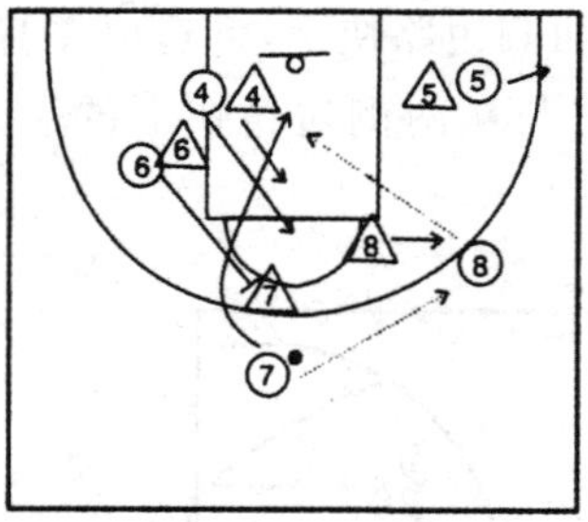

图 6-18 "一盯四联"练习(一)

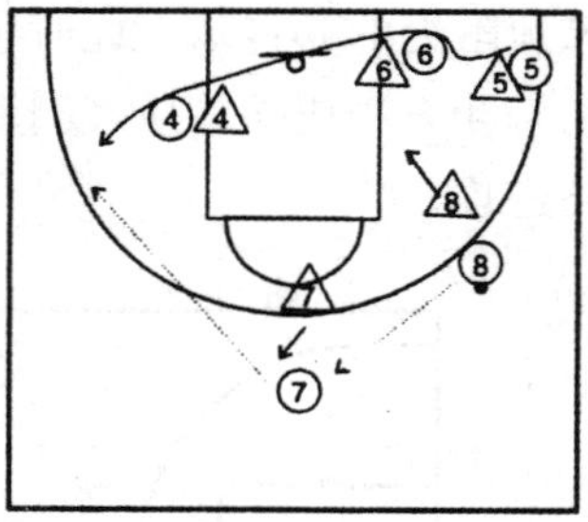

图 6-19 "一盯四联"练习(二)

（二）进攻三人盯人，两人联防

1. 目的

提高进攻队员通过配合进攻"三盯二联"混合防守的能力。

2. 方法(图 6-20)

对方⑦△、⑧△联防，⑦、⑧应重叠站位，其他队员按进攻人盯人的配合来进攻。当外围转移球时，⑦可利用⑧的掩护，寻找中投或切入篮下的机会，也可有意识地加重⑦△或⑧△一侧的防守负担。攻守互换反复练习。[①]

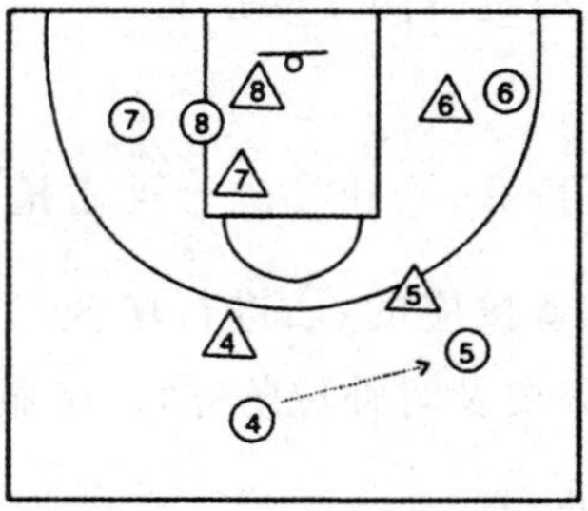

图 6-20　“三盯二联”进攻混合防守

第二节　篮球防守战术训练与方法

一、防守快攻战术训练方法设计

(一)防守发动与接应

1. 二对二防守发动与接应

(1)目的

熟练掌握对一传与接应进行封堵的方法和技巧。

(2)方法(图 6-21)

教练投篮，④△篮下抢球并传球或运球，④由进攻转为防守，对④△的

① 王培菊，李剑．篮球技战术教学与训练[M]．北京：北京体育大学出版社，2018.

传球进行封堵，使△4不得不向边线运球，△5伺机接应△4的传球，⑤对△5进行堵截。攻守角色互换轮流练习。

2. 三对三夹击一传

(1)目的

①提高夹击抢篮板球队员的技能。

②提高对一传及接应进行防守的技能。

(2)方法(图 6-22)

教练投篮，△4篮下抢球，④和⑤配合夹击抢篮板球的△4，△4伺机给△5传球，⑥快速对准备接应的△5进行堵截，并伺机断球。④和⑤要迅速果断地进行夹击，⑥要及时补位防守，以堵截接应队员为主，不可兼顾接应队员△5和快下的△6。

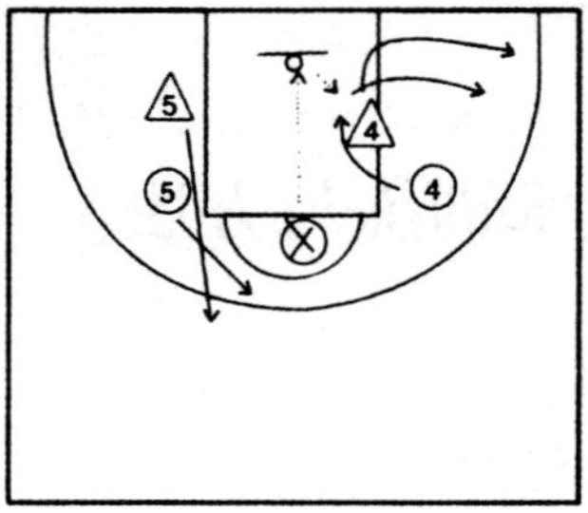

图 6-21　二对二防守发动与接应

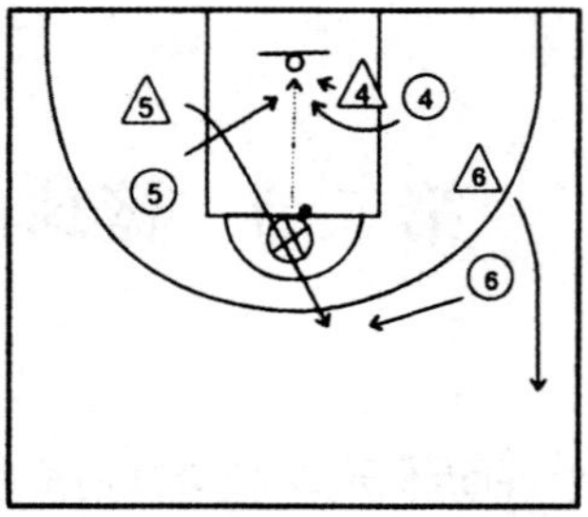

图 6-22　三对三夹击一传

3. 三对三堵截发动与接应

(1)目的

提高对一传及接应进行防守的技能。

(2)方法(图 6-23)

教练投篮，△4在篮下抢球并伺机传球，④迅速进入防守状态，封堵△4的传球路线，△5和△6做好接应△4的准备，⑤和⑥对接应队员进行堵截。攻守双方互换角色反复练习。

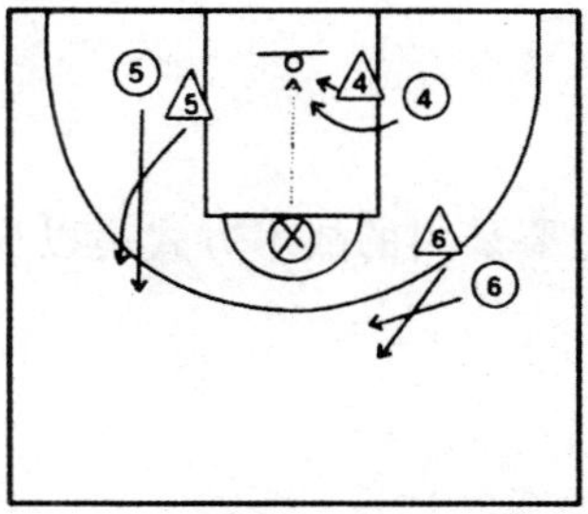

图 6-23　三对三堵截发动与接应

(二)防守快下队员

1. 目的

熟练掌握封堵快下队员的方法和技巧。

2. 方法(图 6-24)

⑥抢篮板球，△6对伺机运球突破的⑥进行堵截，将其中路突破路线防守好。⑦和⑧是接应队员，△7和△8对接应队员进行防堵，④和⑤快下准备接应，△4和△5则沿边线对主内线加以防堵，防守接应队员。

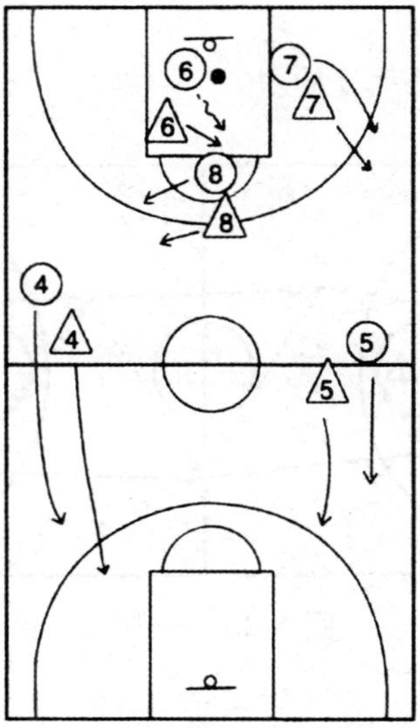

图 6-24　防守快下队员

(三)以少防多

在快攻结束阶段主要采用的战术方式是以少防多战术。

1. 一防二

(1)目的

①熟练掌握一防二的技巧。

②提高一防二的效率。

(2)方法(图 6-25)

①和②作为进攻方以传球、运球相结合的防守从后场进入前场,防守者△1的防守区域为罚球线到弧顶这个范围。防守方法如下。

假防运球、真断球:②控球并向前场运球时,△1洋装对其进行防堵,②不得不给①传球,此时△1果断将传出的球断下来。

假抢球、真断球:控球队员运球时,防守队员假装上前抢球,进攻者不得不向队友传球,此时防守队员果断将其传出的球断下来。

进攻者传、运球向前场推进时,防守者找到合适的位置进行防守,通过做假动作来打乱进攻方的节奏,迫使控球者失误或犯规,从而防守方有机会获得球权。

攻守双方互换角色反复练习。

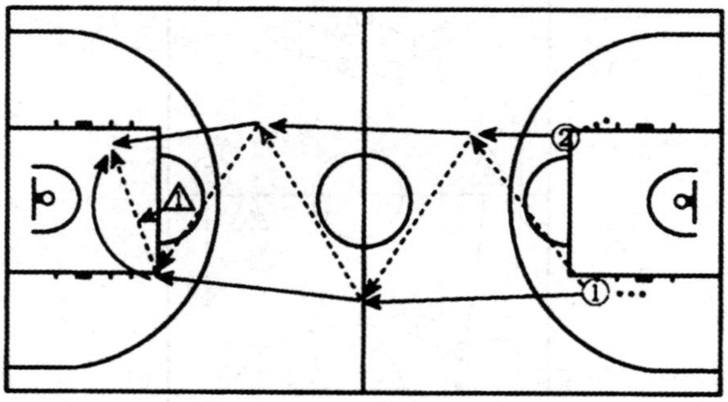

图 6-25　一防二

2. 二防三

(1)目的

①熟练掌握二防三的技巧。

②提高二防三的效率。

(2)方法(图 6-26)

①、②、③三名进攻者以传球、运球的方式从后场进行前场时，△1和△2的防守区域为罚球线到弧顶这一范围，防守者以平行站位进行防守，方法如下。

当控球者持球进入防守方的防守区域时，其中一名防守者果断采用盯人战术进行防守，防堵其传球、空切，另一名防守者防堵其他两名进攻队员的接应，方法和前面的一防二相似。

两名防守者对边路的两名进攻者进行卡位封堵，使他们无法去篮下接应，此时中路控球队员不得不运球突破，在其起步上篮时，一名防守者果断迎上紧逼堵防，使其无法顺利投篮，另一名防守者伺机断球。

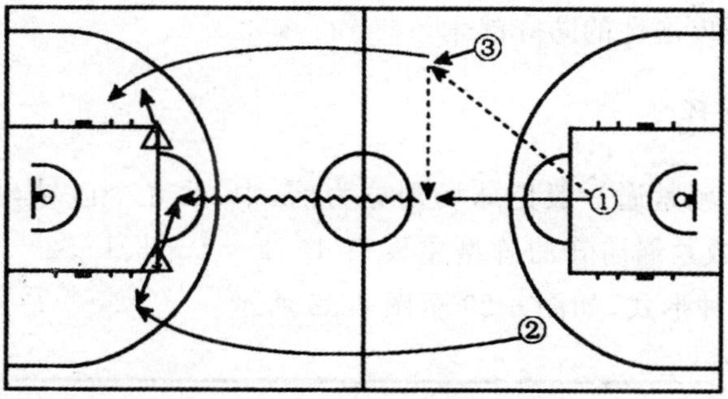

图 6-26　二防三(平行站位)

如图 6-27 所示，两名防守者以前后站位进行防守，当进攻者向前场推进，给边路队员传球，边路向篮下运球，两名防守者根据自己与运球突破者的相对位置而决定是否由自己去堵防，若③运球突破，那么与其离得近的△1上前防守，△2在篮下重点防守①和②，或防守③篮下空切，当③不得不向同伴传球时，△2伺机断球，如果断球失败，那么△1迅速到篮下进行协防。

攻守双方互换角色反复练习。

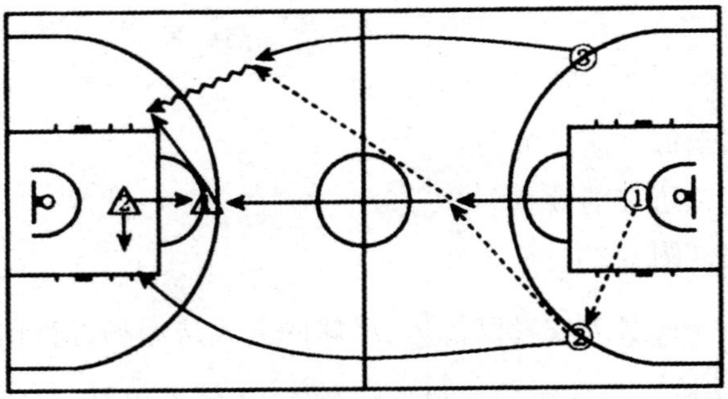

图 6-27　二防三(前后站位)

二、区域紧逼战术训练方法设计

(一)全场区域紧逼

全场区域紧逼是综合了全场人盯人和区域联防的优点而形成的一种具有很强攻击性的防守战术。

1. 防守阵型

全场区域紧逼一般把球场划分为前、中、后 3 个区域,如图 6-28 所示,全场区域紧逼防守的阵型主要有 1—2—1—1、1—2—2、2—2—1、2—1—2 四种形式,如图 6-29 至图 6-32 所示。

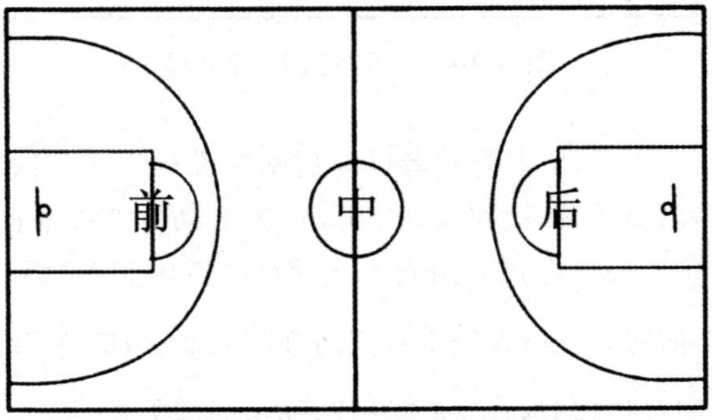

图 6-28　全场区域紧逼场地划分

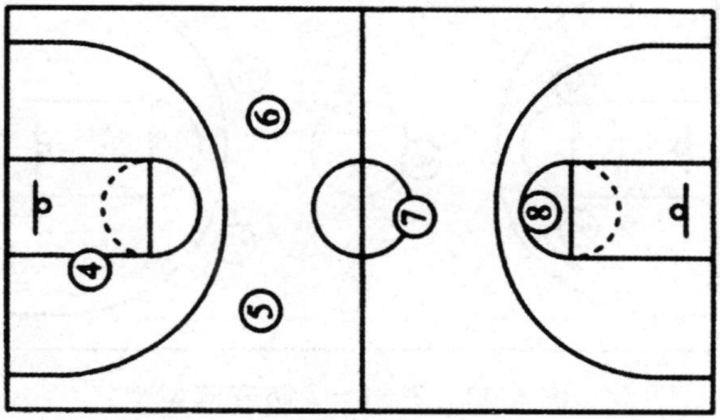

图 6-29　1—2—1—1 防守阵型

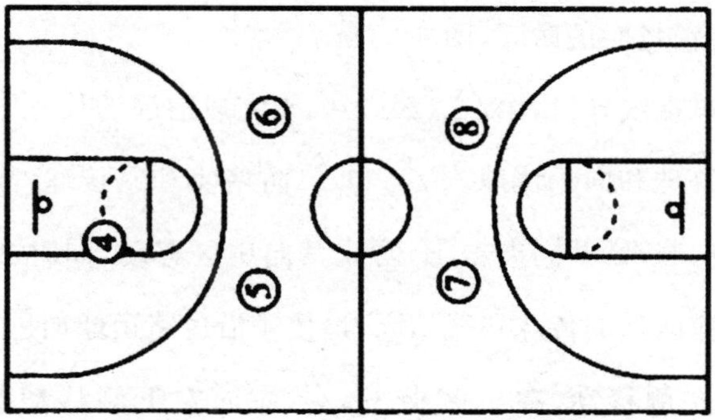

图 6-30　1—2—2 防守阵型

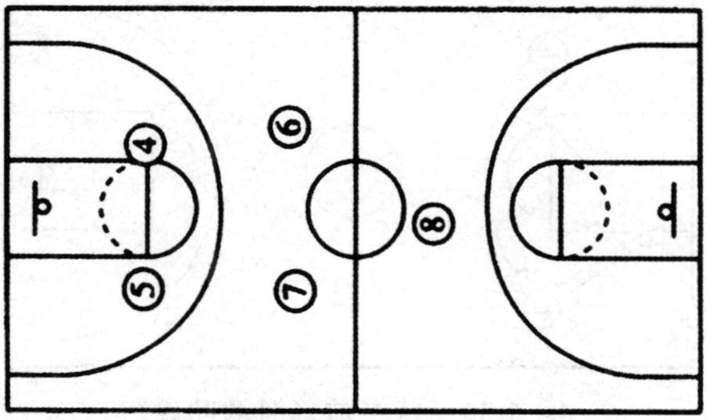

图 6-31　2—2—1 防守阵型

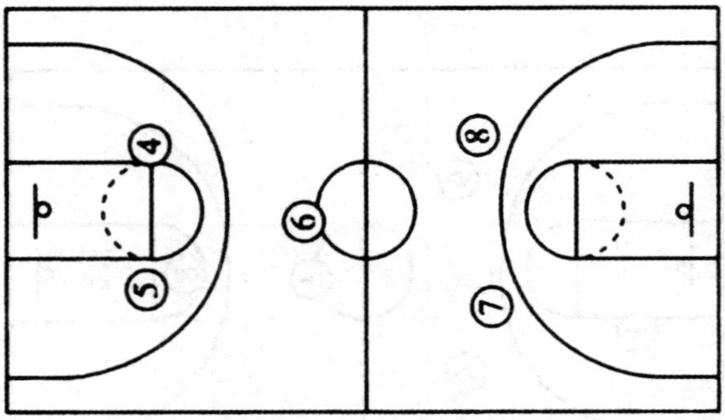

图 6-32　2—1—2 防守阵型

2. 防守方法（以 1—2—1—1 阵型为例）

（1）球在前场时的防守（图 6-33）

当对方掷端线球时，由△4、△5、△6来完成前区的任务，△4防守③，防堵其掷界外球和向④传球。△5和△6防堵④和⑥接球，当④接球时，△4迅速跟进，与△5共同夹击④，防止其向中区移动，同时△6向中间移动将④向接应队员的传球路线切断，迫使④沿边路运球推进，△7在④开始运球时向左侧移动，在中区夹击，△8应向左下侧移动准备堵截和补位。

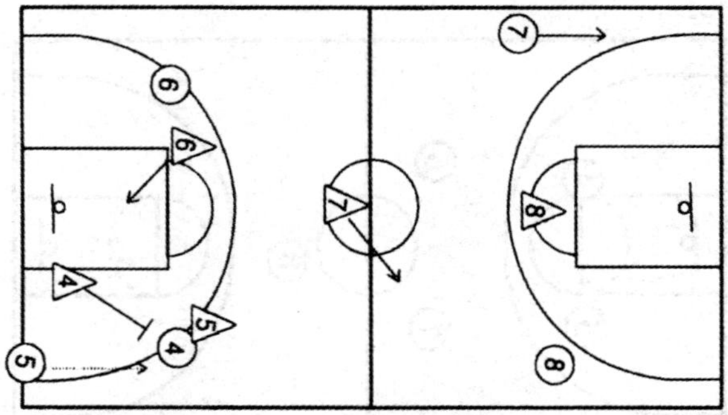

图 6-33　球在前场时的防守

(2)球在中场时的防守(图 6-34)

当④向运球突破进入前场时,△5应逼边,紧紧追防。△7横向边堵,迫使④运球过中线后停球,并与△5共同夹击,同时△4从中路退到中区,△6要由边路退到后区的沿线,△8继续向左移动将④和⑧传球路线切断,△4和△6在中区和后区随时准备补防或断④的传球。

(3)球在后场时的防守(图 6-35)

当④给⑧传球时,△8及时防守,△7应迅速后撤,与△8共同夹击⑧,△6要向篮下移动,控制对方⑥或⑦进入罚球区接球,同时△5下撤,严密防守④,切断⑧给④回传球的路线。△4向后区前沿后撤到,对⑤和⑥进行防守,并随时准备断球快攻。

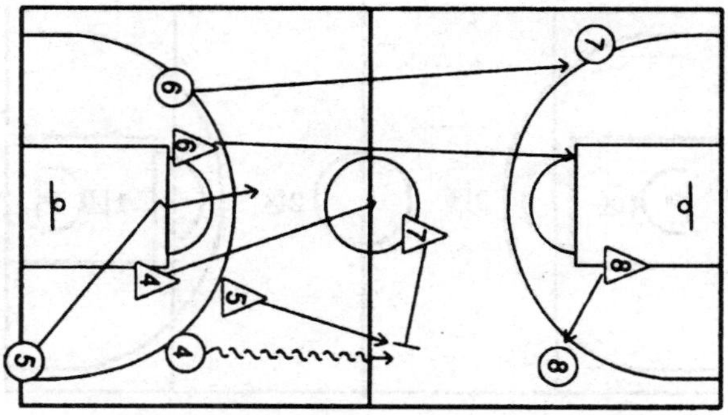

图 6-34　球在中场时的防守

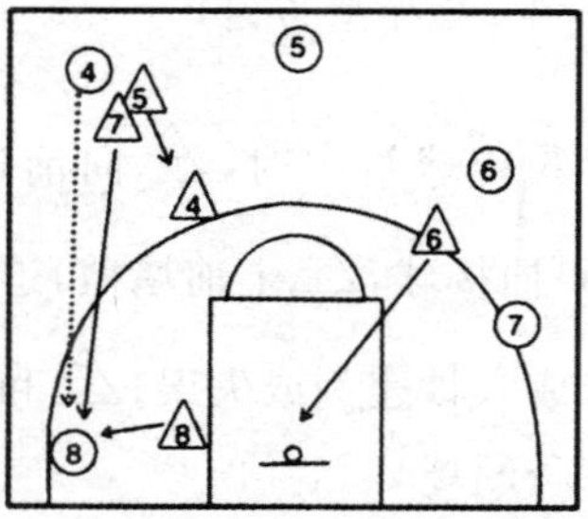

图 6-35　球在后场时的防守

(二)四分之三场区域紧逼

1. 防守阵型

四外之三场区域紧逼是把球场分为 4 个区(图 6-36)。防守队员落位于 2、3、4 区,进攻队员和球在 1 区自由活动,进攻队进入 2 区时,防守队员按区域紧通盯人。

四分之三场区域紧逼的主要阵型有 2—1—2,2—2—1 等。由攻转守时,对方队员进入 2 区后,立即组织积极紧逼,封堵夹击和抢断。因此,四分之三场区域紧逼与全场区域紧逼的区别主要是能充分利用规则,队员分布密集,有利于协防,容易迫使对方犯规和失误。一般在失球后和对方在后场边线外发球时运用该战术。

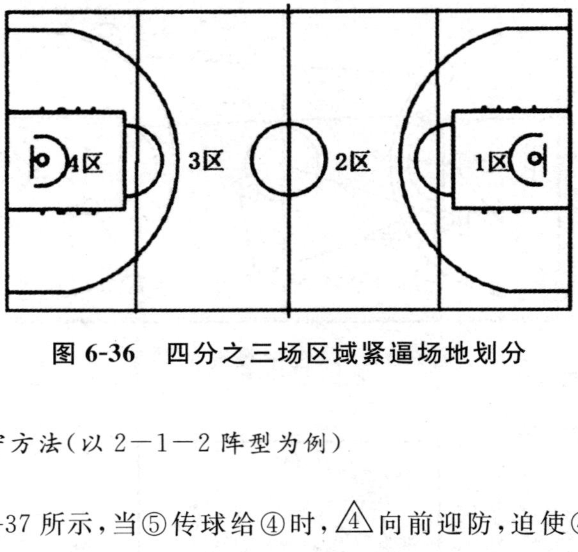

图 6-36　四分之三场区域紧逼场地划分

2. 防守方法(以 2—1—2 阵型为例)

如图 6-37 所示,当⑤传球给④时,△4向前迎防,迫使④沿边线运球,△5稍后撤,防止⑥斜插接球,△6上前堵截,迫使④停止,争取在 2 区内与△4共同夹击④,造成 8 秒违例或失误;△7和△8在 3、4 区应抢前错位防守⑦、⑧,并随时准备断球。

当④给空切队员⑥传球时,△6上前堵截,与△5在中场形成夹击,△4由另一侧向后移动防守。

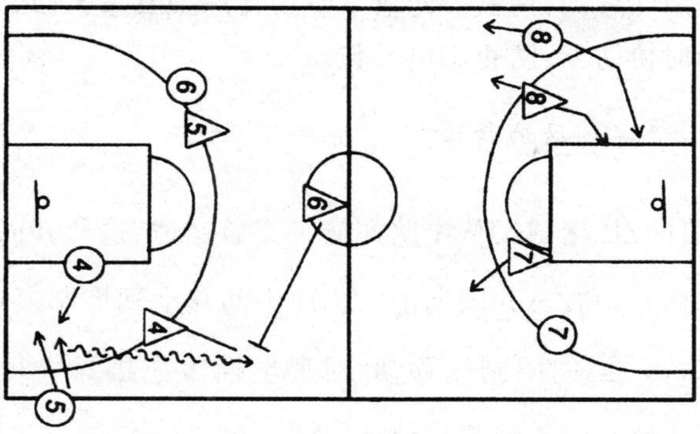

图 6-37　四分之三场区域紧逼防守

(三)半场区域紧逼

半场区域紧逼是在后场范围内组织的区域紧逼的防守战术。

1. 1—3—1 半场区域紧逼(图 6-38)

当④过中线控球时,△4迎上防守,迫使④向侧面运球,这时△7要堵住抢前防守,不让⑦接球,并准备与△4夹击,△6向⑥的左侧移动,防止⑥接球,同时△8向有球一侧移动,防守⑧,并准备抢断④传出的球,另一侧的队员及时回缩到限制区,防堵④给⑧传球。

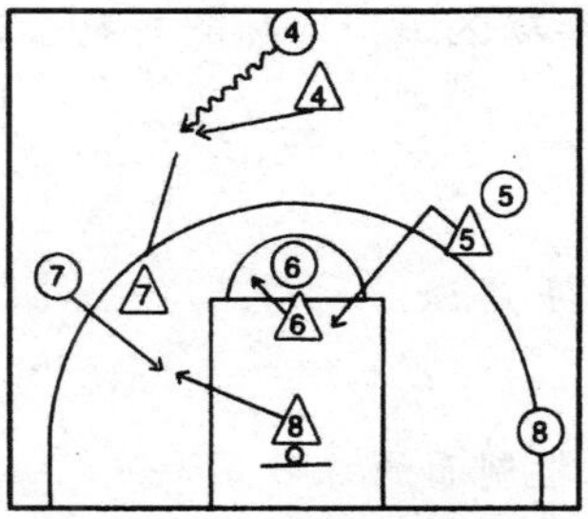

图 6-38　1—3—1 半场区域紧逼

如果④传球给向篮下空切的⑦,防守方法为:△8迎前防守⑦,△7加速回防,与△8共同夹⑦,△6应向篮下移动,将⑦向⑧传球的路线切断,

△5及时向限制区移动，堵截⑥向篮下空切接球，△4适当回缩，防止⑦给④回传球，同时协防⑥，防止⑦给⑥传球。

2. 1—2—2 半场区域紧逼

防守中路的△1堵截①从中路向篮下突破运球，迫使其向边角传球；①传球给③时，△1和△3共同夹击，△2向中间移动到控制弧顶一带以堵截③向②传球。△5向限制区移动，对⑤上插策应接球进行卡位封堵。△4保护篮下并堵截④上插策应接球(图 6-39)

当传球给底角的④时，△3与△4共同夹击，△1回缩到适当位置以控制③和①接球、空切。△5移向篮下，保护篮下并防止⑤横切。△2向下移动，对⑤上插和②空切进行卡位封堵，并防守②的接应

如果另一侧队员②和⑤持球时，防守方法相同(图 6-40)。

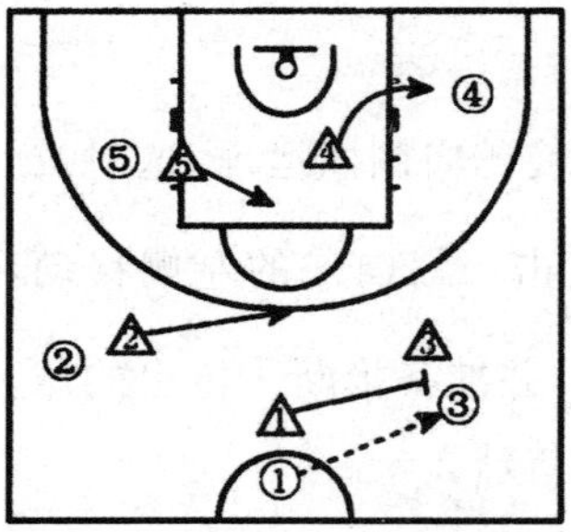

图 6-39　1—2—2 半场区域紧逼(一)

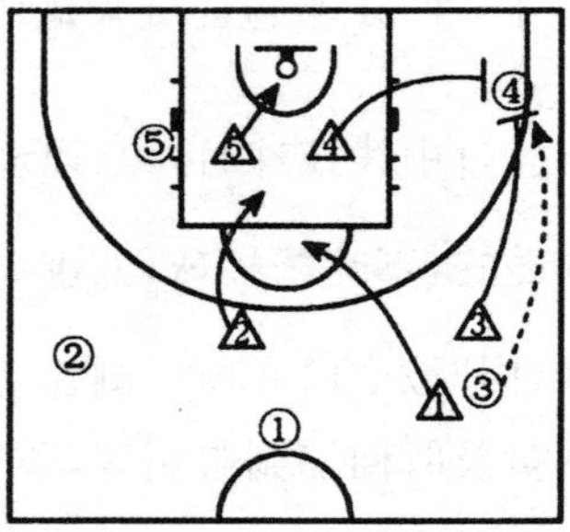

图 6-40　1—2—2 半场区域紧逼(二)

(四)区域紧逼训练方法

1. 提高个人抢断球控制面的练习

(1)目的

提高个人防守能力。

(2)方法(图 6-41)

④、⑤、⑥站成三角形，△4站在中间，任务是抢断持球队员④向其他

两名队员的传球。

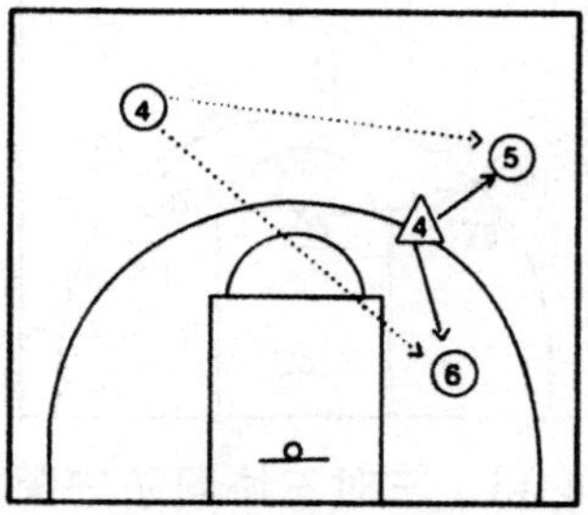

图 6-41　提高个人抢断球控制面的练习

2. 提高个人防守能力的练习

(1)目的

提高个人防守能力。

(2)方法(图 6-42)

一对一练习。△4迫使④按其防守意图向边线运球,以便于与同伴进行夹击。练习中注意积极移动,堵中放边。

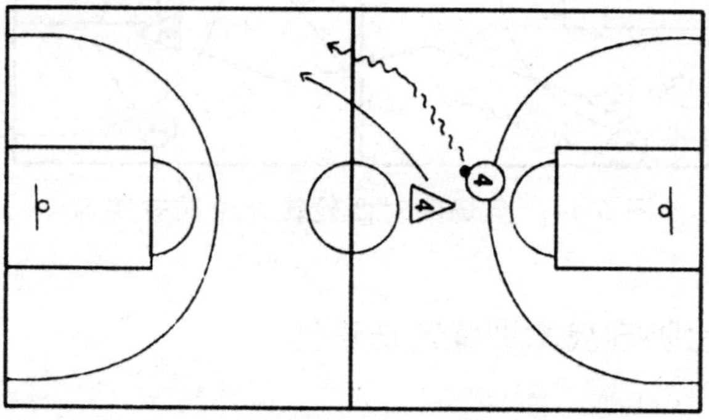

图 6-42　提高个人防守能力的练习

3. 协同防守配合训练

(1)三对三协同防守配合(图 6-43)

当⑤向中区运球突破时,△4迫使⑤停球,并与△5夹击⑤,此时△6防止⑤给④回传球,同时△5补防⑥。

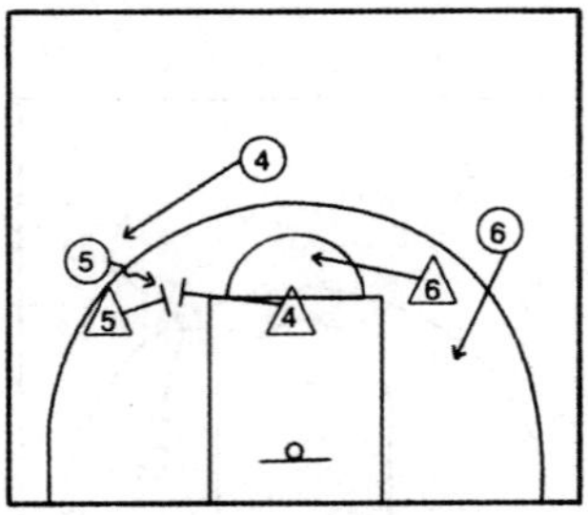

图 6-43　三对三协同防守配合

(2)全场四对四轮转补位防守练习(图 6-44)

△4紧逼④沿边线运球,△5及时在中线堵截,并与△4夹击。△7补防⑤,△6补防⑦,△4在④传出球后撤到弧顶附近准备迎防⑥。

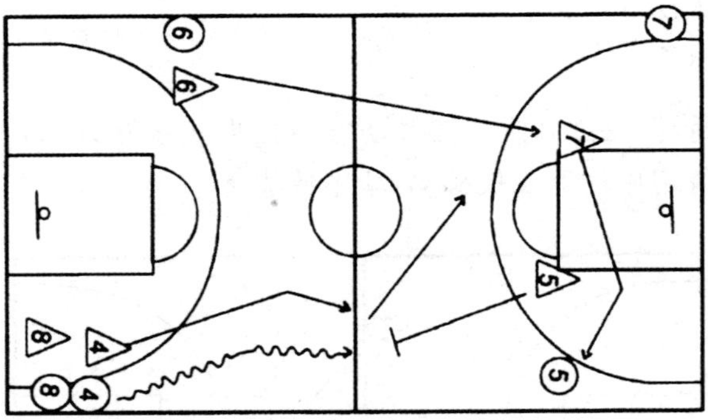

图 6-44　全场四对四轮转补位防守练习

三、混合防守战术训练方法设计

人盯人防守和区域联防是混合防守战术的重要组成部分,同一时间将这两种防守战术同时运用到防守中就构成了混合防守战术。采用混合防守战术要求将球队的集体力量发挥出来,所有队员协同一致,使两种防守战术的组合运用达到最佳效果。

这里重点分析混合防守战术中一人盯人、四人联防的防守战术练习。练习目的是提高一人盯人、四人联防时紧逼防守重点对手及全队防守移动的能力。练习方法如下:

方法一：如图 6-45 所示，△5紧逼盯防⑤，其他防守队员成“2－2”联防阵型进行防守。当⑤给④传球时，其余防守队员在自己防区内向球移动。当⑤准备溜底线时，△5积极防守，组织其接球投篮，其余防守队员依然在自己的防区内移动。⑦溜底时，△5跟防至对侧区域，此时换△8去防守。

方法二：如图 6-46 所示，△5紧逼盯防⑤，其他防守队员站成“2－2”联防阵型，当④给⑤传球时，△5积极防守，其余防守队员在自己防区内向球移动。

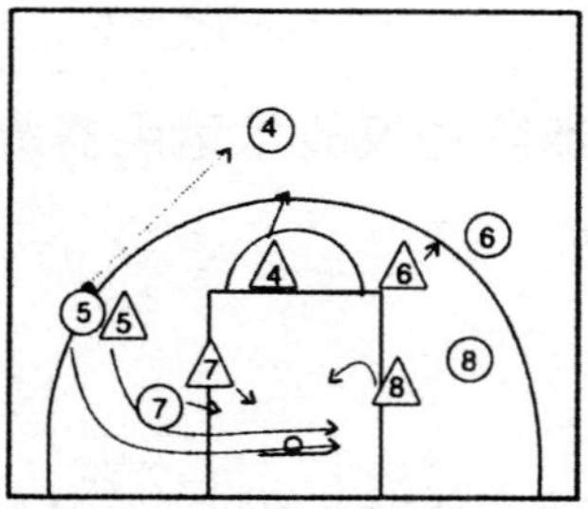

图 6-45　“一盯四联”防守练习(一)

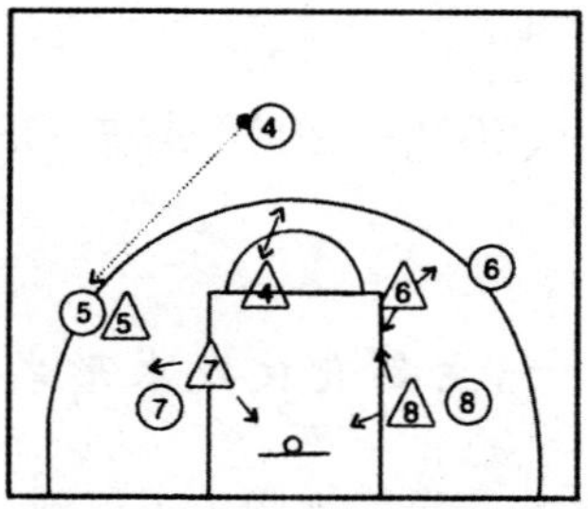

图 6-46　“一盯四联”防守练习(二)

方法三：如图 6-47 所示，△5紧逼盯防中锋⑤，其他防守队员站成“1－2－1”联防阵型，当④给⑤传球时，△5积极防守，其余防守队员在自己防区内向球移动。

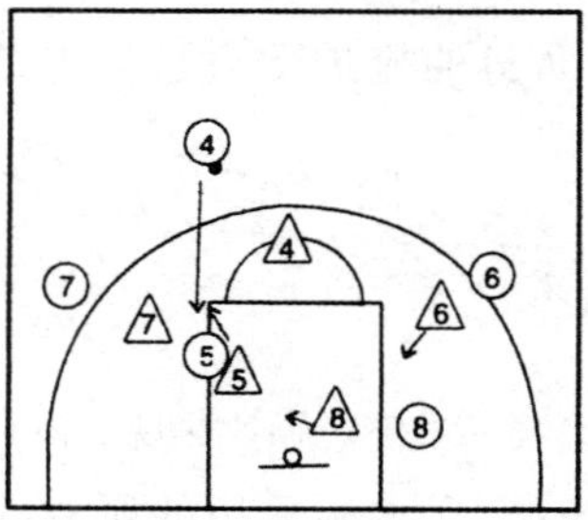

图 6-47　“一盯四联”防守练习(三)

第三节　篮球战术运用的案例分析

本节主要以2015—2017赛季CBA为例来分析篮球战术的运用情况。有关人员通过查阅和观看2015—2017赛季CBA赛程的相关资料及全部录像视频,发现有决胜期的比赛共有35场,部分比赛有两三个决胜期,决胜期经权威统计共计43节,反复观看这43节决胜期的录像视频,能够对获胜球队在决胜期运用篮球战术的情况有一定的了解,本节主要分析获胜队对篮球进攻战术的运用情况。

一、2015—2017赛季CBA获胜球队进攻战术运用情况

(一)主要进攻战术形式

从比赛录像视频中了解到,获胜队主要以防守方的防守情况为依据选用进攻战术,采用合理的战术逐渐从后场进入前场,主要战术形式有以下几种:

(1)当成功从进攻方手中抢断球或抢后场篮板球成功,由防守转为进攻时,采用短传及运球、传球相结合的进攻战术而从后场向前场推进。

(2)当防守松懈时,进攻方主要采用后卫运球的进攻方式向前场推进。

(3)当防守方采用全场区域紧逼防守战术时,进攻方的后卫队员接入界球后在前锋或中锋队员的掩护下通过运传结合或运球突破而进入前场。

(二)主要进攻战术

从43节决胜期的比赛录像视频中发现,个人单打战术是获胜队运用最多的战术,达到123次,在本队采用的所有战术的总数中比例高达34.5%。而且多是球队中的球星或得力外援采用这种战术,以达到外线投篮或成功突破篮下的目的。和个人单打战术的使用率相比,以队员相

互配合为前提的基础配合战术使用次数相对较少，突分配合、掩护配合及快速抢攻战术的运用分别占 24.1%、15.7%和 13.7%，掩护配合和传切配合的使用率更低。获胜球队采用的全部进攻战术中，有 51.8%的战术是进攻基础配合战术。

2015—2017 赛季 CBA 赛程中有决胜期的季后赛共有 4 场，这 4 场对抗强度非常大的季后赛中，个人单打战术依然比掩护配合、强攻战术等基础配合战术使用得多，而且依旧主要靠球星和外援来发挥个人单打进攻的能力。

其实从视频中了解到，不管是获胜球队，还是落败球队，在组织进攻的过程中采用的个人单打战术都比较多，主要原因是球队对本队球星和外援的力量过分依赖，让球星或外援掌握球权，依靠他们良好的个人实力去进攻和得分。当本队球星或外援控球时，其他队员将防守对方球员作为主要任务，而他们的进攻实力却没有很好地发挥出来。因为基础配合战术使用不多，因此球队整体力量的发挥也受到了限制。

（三）出手位置

从 2015—2017 赛季 CBA 决胜期比赛的录像视频中了解到，获胜球队出手次数最多的位置是篮下限制区，在这个位置出手投篮的命中率也比较高。相比而言，获胜球队在三分投篮区投篮的次数比在两分投篮区内出手的次数多。在决胜期比赛中，获胜球队选择的投篮位置在很大程度上影响着最终的胜利，获胜球队为了给外线球员制造投篮的机会，主要以进攻篮下为主，从而缩小对方的防守区域。此外，获胜球队也很注重配合进行篮下强攻，一是为了直接得分，二是为了迫使对方犯规，使本方有机会罚球得分。

（四）得分区域

观看决胜期比赛的录像视频发现，获胜球队的得分区域不均衡，以三分球区域和篮下限制区为主，限制区外的两分球区域没有受到足够的重视，外援突破到内线因对方防守严密而给外线队员传球，外线接球后直接投三分球，导致中远距离投两分球而得分的情况比较少。

二、2015—2017赛季CBA获胜球队进攻战术运用效果

（一）效果分析

总的来说，获胜球队主要靠球星或外援通过发挥个人进攻能力而得分，尽管这直接决定了球队最后的胜利，但从长远来看，只依靠优秀球员的个人单打战术是不利于提升本队综合实力的，也不利于队伍团结。球星或外援持球突破篮下时遇到对方严密的防守，从而向本队处于有利位置的同伴传球，为实施进攻基础配合战术创造条件，但总体上掩护配合、策应配合、传切配合等配合战术运用得并不多。随着现代竞技篮球运动的不断发展，篮球战术和篮球技术一样备受重视，一支球队要在激烈的对抗中顺利实施进攻，不能仅仅采用单一的战术形式，不能过分依赖某个球员的能力，而要根据比赛需要采取多种配合策略，综合运用多种进攻配合战术，为全局进攻而创造机会。

（二）改进建议

（1）减少对球队中个别球员的过分依赖，不要过多采用个人单打战术，适当多采用形式多样的进攻基础配合战术。

（2）在实施抢攻战术的过程中，要做好由后场向前场推进与接应的配合与衔接。

（3）根据防守方的情况、本方的优势与特长而选用进攻战术，各项战术的实施应该衔接紧密，灵活机动地实施进攻战术，要体现出层次感。

（4）在比赛决胜期根据对抗双方的阵容配置、比分和犯规次数等实际情况而对进攻战术做出合理的安排。

（5）以球队优势、特长和球员组合的变化为依据，结合对竞赛规则、临场裁判判罚尺度的考虑而对犯规战术进行最有价值的利用。

第七章　篮球技战术训练的游戏途径与方法

篮球游戏是篮球训练的重要辅助性手段。在篮球训练中根据训练目标、篮球技战术特征而设计与运用丰富多彩的、新颖有趣的篮球游戏，能够有效激发运动员的训练兴趣和热情，提高运动员的训练积极性和训练效果。本章重点对篮球技战术训练的游戏方法展开研究，包括篮球单项技术游戏、身体素质游戏、技战术综合游戏。

第一节　传球类游戏训练

一、两人传两球

（一）练习目的与设施要求

1. 练习目的

熟练各种传球方法，提高控球能力。

2. 设施要求

篮球场地，若干篮球。

（二）练习方法

两人一组，各持一球相对而立，两人同时按规定的传球方式给对方传球，传球出手的同时准备接住来球，规定时间内各组连续成功传球次数多者的一组获胜。

（三）规则提示

（1）“一传一接”计 1 次。
（2）若传接球失误，则重新从头开始计数。

二、三角传球（一）

（一）练习目的与设施要求

1. 练习目的

促进传接球技术能力的提升。

2. 设施要求

篮球场，若干篮球。

（二）练习方法

如图 7-1 所示，3 人一组，两个组同时参与游戏，两组队员交错站位，分别站成两个等边三角形（边长 3 米左右），一个正三角形，一个倒三角形。两组队员每人持一球向相邻的队友传球，同时接队友传来的球，在规定时间内如此反复练习，若其中一组出现失误，则换另一组上场练习。规定时间内失误最少的组获胜。

（三）规则提示

（1）按教练员要求的传接球方式来传球和接球。
（2）各组队员在三个顶点处的站位固定，不得移动传接球。

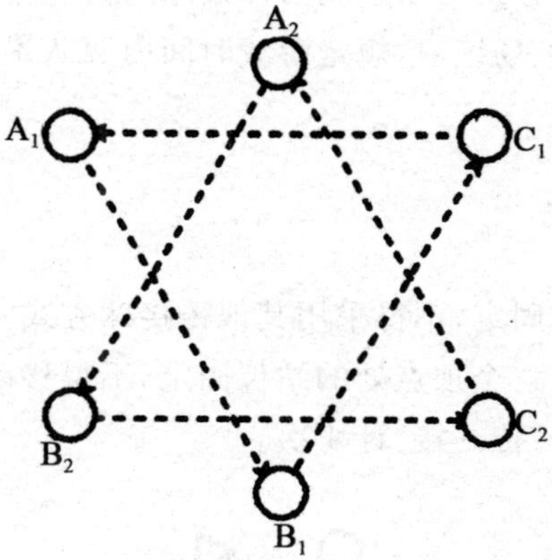

图 7-1 三角传球(一)①

三、三角传球(二)

(一)练习目的与设施要求

1. 练习目的

促进传接球动作速率和控球能力的提升。

2. 设施要求

篮球场,6 个篮球。

(二)练习方法

如图 7-2 所示,在球场上画两个相距 3 米的等边三角形,三角形边长均为 4 米。将队员均分成两队,各队再按 3 人一组来分组。两队队员在两个三角形中间平行站成两列横队。两队各派一组分别站在两个等边三角形的顶点处,所有队员各持一球逆时针连续向同伴传球,同时接

① 李颖川,于振峰,高松山. 篮球游戏理论与方法:篮球运动经典游戏[M]. 北京:北京体育大学出版社,2007.

同伴的来球，传接球方式为双手胸前传接球，若其中一组出现失误，则换本队的另一组队员上场练习，规定游戏时间内两队累计成功传接球次数多的一队获胜。

（三）规则提示

（1）传接球方式固定，不得采用其他传接球方式。
（2）各组队员在三个顶点处的站位固定，不得移动传接球。
（3）每个队员"一传一接"计1次。

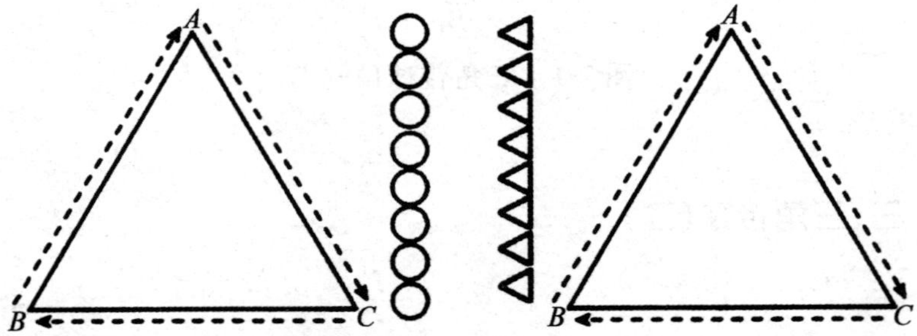

图 7-2　三角传球(二)①

四、三人传四球

（一）练习目的与设施要求

1. 练习目的

加快传球出手速度。

2. 设施要求

篮球场，若干篮球。

① 李颖川，于振峰，高松山．篮球游戏理论与方法：篮球运动经典游戏[M]．北京：北京体育大学出版社，2007.

(二)练习方法

3人一组分散站开成三角形,彼此相距5米,一人拿两个球,另两人各拿一球。游戏开始,拿两球的队员按逆时针方向依次传出个球。同时,其他两名队员各自传出手中的球并迅速接第一人的传球,然后再传球出手。反复如此,四个球在三人手中不停传接。规定时间内失误少的组获胜。

(三)规则提示

(1)传接球方式固定。
(2)传接球过程中不得移动。

五、对墙传球

(一)练习目的与设施要求

1. 练习目的

提高传球速度,培养准确传球的能力。

2. 设施要求

平整墙面,若干篮球。

(二)练习方法

在离墙4米左右画一标志线,队员成连横排站在标志线后,前排持球。墙上画出一个边长30厘米的正方形,游戏开始,前排队员按要求的传球方法连续对墙传球,每人传20～30次,传到正方形内得1分,后排队员担任裁判,前排队员完成后规定次数的传球后让位站到后面,后排队员上前继续游戏,累计分数多的队员获胜。

(三)规则提示

(1)所有队员不得移动传球,不得踩线。
(2)队员捡球后必须回到标志线后继续传球。

六、转身传球

(一)练习目的与设施要求

1. 练习目的

促进传球熟练度的提升和协调移动能力的提高。

2. 设施要求

在平坦的场地上画长20～30米,宽5～8米的若干长方形,若干篮球。

(二)练习方法

每3人一组,各组均利用一块画好的长方形场地做游戏。假设甲、乙、丙三人为一组,甲、乙先在长方形两端掷地滚球,丙在长方形内接球。先由甲掷,丙跑上接球后转身传给乙,并就地做好接球准备,乙接球后又掷出地滚球,丙跑上接球再传给甲,连续做10～20次,若场地不够,则各组轮换练习。

(三)规则提示

(1)掷出的地滚球可在长方形内任意位置。

(2)接球人应跑上接地滚球,转身传出的球要准确,若传球失误则受罚。

七、传球脱险

(一)练习目的与设施要求

1. 练习目的

促进肢体灵敏性和传球速度的提升。

2. 设施要求

平坦场地，若干篮球。

（二）练习方法

8～10人一组，手拉手面朝里围成一个圆圈，安排一人站在圈外。游戏开始，圆圈上的队员互相传球，圈外队员随球移动，伺机在某一队员接到球还未传出前用手拍其肩膀，若成功拍到则两人交换位置，游戏继续，圈上队员应尽快传球，避免球在手中停留时间太长而被圈外人“袭击”。

（三）规则提示

（1）圆圈上的队员若传球失误、球脱手落，则要与圈外队员交换位置。

（2）圈外队员必须拍持球队员的肩膀才算有效，若被拍者球已出手或尚未接到球则拍打无效。

八、坐地传接球比赛

（一）练习目的与设施要求

1. 练习目的

提高双手传接球的熟练度，促进上肢力量的增强。

2. 设施要求

平整空地，若干篮球。

（二）练习方法

两人一组，各组队员面对面伸直腿坐在地上，两人双脚脚掌相抵。游戏开始，两人以规定的传接球方式连续对传，先传完规定次数的组获胜，或规定游戏时间，规定时间内传接球次数多的一组获胜。

（三）规则提示

（1）一人“一传一接”计1次。

（2）若传接球失误，重新开始，在现有次数的基础继续累计，不是从0开始。

（3）传球过程中每组队员腿始终保持完全伸直的状态，臀部不离地，若犯规则先前累计的次数清零，从头开始计数。

第二节　运球类游戏训练

一、运球绕场跑

（一）练习目的与设施要求

1. 练习目的

提高运球的速度和熟练度。

2. 设施要求

篮球场地，若干篮球，4个障碍架。

（二）练习方法

3人一组，分为若干组，每次两组队员同时游戏。两组队员在两个半场一侧按纵队站好，排头持球，听到哨声后逆时针运球绕场地跑，跑完一圈后把球交给第二人，第二名队员也运球绕一圈把球交给第三人，各组轮换练习，用时最短的一组获胜。

（三）规则提示

移动运球过程中必须绕过球场上设立的所有障碍架，否则返回重跑。

二、运球相互拍打

(一)练习目的与设施要求

1. 练习目的

熟悉球性,提高控球和保护球的能力。

2. 设施要求

篮球场地,若干篮球。

(二)练习方法

人手一球分散于半场内(或三分线以内),一边运球一边随时伸手拍打周围同伴的球,同时注意保护好自己的球不被他人拍打。拍打到同伴的球一次得 1 分,被同伴拍打到一次扣 1 分,规定时间内分数多者获胜。

(三)规则提示

(1)仅允许在规定区域内相互拍打。
(2)累计分数多者为胜。

三、对抗出局

(一)练习目的与设施要求

1. 练习目的

提高对抗中的运球能力。

2. 设施要求

篮球场地,若干篮球。

(二)练习方法

每两人一组,一人一球,同时在场内 3 个圆圈内运球。游戏开始,在控制好自己的球的情况下,两人用肩膀互相挤推,努力把对方挤出圆圈,在规定时间内将对方挤出圆圈次数多的队员获胜,另一人受罚。

(三)规则提示

(1)只能用肩膀挤推,不能用身体其他部位。
(2)对抗过程中,若队员运球失控,判出圆圈一次。

四、"死"球变活球

(一)练习目的与设施要求

1. 练习目的

发展手指、手腕拍按球的力量和灵敏性。

2. 设施要求

篮球场,若干篮球。

(二)练习方法

将队员均分为两队,成横排相对而立,每人面前地上放一个篮球。游戏开始,两排队员同时下蹲快速把地上的"死"球拍"活"并成原地高运球姿势站立,规定时间内站起来的人数多的一队获胜。

(三)规则提示

(1)规定用手指、手腕的力快速拍球,使球变"活"。
(2)同队队员间不得互相帮忙。
(3)不得以任何方式干扰对方。
(4)犯规者罚其把球连续拍"活"3 次后才计成绩。

五、运球追逐

(一)练习目的与设施要求

1. 练习目的

提高运球技能水平。

2. 设施要求

篮球场,若干篮球。

(二)练习方法

两人一组,每人一球,绕圆圈相互追逐,追上并拍到对方肩膀得1分。然后回到原来位置换另一只手运球追逐,重复练习。规定时间内得分多者获胜。

(三)规则提示

(1)运球者只能在圈外运球追逐,不得踩线或进入圈内,凡踩线或进圈一次就算被对方追到一次。
(2)运球方式固定。
(3)运球失误时捡球在失误位置继续游戏。

六、"三国演义"

(一)练习目的与设施要求

1. 练习目的

提高变向运球技能。

2. 设施要求

篮球场,若干篮球。

(二)练习方法

将队员均分为3组,每组排头各持一球站在直径约5米的圆的边线上,指定各组分别为东吴、西蜀和北魏,游戏开始,各国“士卒”沿西蜀—东吴—北魏的路线运球,经对方营寨时,脚踏营地的线,才能冲向下一营地,经另两营地后返回本营,球交给下一位队员,继续按同样的方法进行练习。每轮最后到本营的队员判输,并被送到速度最快的队里,直至其中一组没有士卒时游戏结束,该组受罚。

(三)规则提示

(1)到营地脚必须踏线,否则返回重做。
(2)手递手交球,不得传球。

七、“春种秋收”

(一)练习目的与设施要求

1. 练习目的

提高快速运球中的控球能力。

2. 设施要求

篮球场,两个篮球,6瓶矿泉水。

(二)练习方法

将6瓶矿泉水分别放在球场两侧,每侧3瓶,间隔摆放,与边线也要间隔一定的距离。将队员均分为两队,面向场地成纵队站于端线后,排头持球。游戏开始,排头快速起动向对面端线运球,途中把3个瓶子依次推倒,运至对面端线后返回,再依次扶起3个瓶子,至端线后给下一位队员传球,依此类推,先完成的队获胜。

(三)规则提示

(1)推瓶或扶瓶时,另一只手需同时做低运球,不能停止。
(2)返回至端线后用双手低手传球的方式给队友传球。

八、变向运球接力

(一)练习目的与设施要求

1. 练习目的

提高快速移动中变向运球的能力。

2. 设施要求

篮球场,两个篮球。

(二)练习方法

将队员均分为两队,分别站在同一端线的两个场角上并面向场内,排头持球。游戏开始,排头在障碍物处做体前变向换手运球,快速变向运球,按原路线和原运球方法返回,以手递手的方式把球交给同伴,同伴按同样的方法继续游戏,直至两队都完成一次变向运球,用时少的一队获胜。

(三)规则提示

(1)运球中必须有一只脚踏入罚球圈或踏到边线中点或前场场角,方能继续运球前进,否则判为犯规。
(2)用手递手的方式交接球。
(3)犯规者回到本队最后重新参与一次。

第三节　投篮类游戏训练

一、加罚球接力

(一)练习目的与设施要求

1. 练习目的

提高投篮技能，增加罚球命中率。

2. 设施要求

篮球场，两个篮球。

(二)练习方法

把队员均分为两队，分别站在中线两侧，但又各自靠近两侧边线，面向球篮，各队成纵队队形，第一名队员持球。开始游戏，两队的第一名队员都运球上篮，成功投篮后运球到罚球线罚一球，罚球成功后运球至另一篮下上篮，投篮成功后再在本半场的罚球线罚一球，罚球成功后运球返回向第二位队友传球，队友传球后继续游戏，直至两队的所有队员都完成，用时短的一队获胜。

(三)规则提示

(1)按规定路线运球上篮和罚球，两队队员互不干扰。

(2)上篮成功才可罚球，罚球成功才可运球至对面球篮继续上篮。严格按照篮球比赛规则判断罚球。

二、点将投篮

(一)练习目的与设施要求

1. 练习目的

提高投篮与各项技术连贯衔接的能力,提高投篮的准确性。

2. 设施要求

篮球场,4 个篮球。

(二)练习方法

在球场上画一个“投篮区”以规定投篮范围,中线与中圈有两个交点,中线与边线也有两个交点,以这四个交点为圆心分别画四个圆圈(半径 0.5 米),四个圈内各放 1 个篮球。将队员均分为四组,各组成横队分别站在两条边线外,面向球场,各组靠近端线的为排头,从排头开始分别报数,所有队员将自己的号数记在心里。游戏开始,当教练员喊出一个数字时,四组中对应该号数的队员迅速抛向中线拿球,向规定的“投篮区”运球,到达限制线后急停跳投,无论是否投中,都要及时冲抢篮板球并向中线处运球返回,再回到自己的起始位置。

急停跳投成为得 2 分,最先返回起始位置的队员得 1 分。如此反复,直至所有队员都参与了投篮游戏。最后累计分数多的一组获胜。

(三)规则提示

(1)必须在限制线外跳投,不得踩线,否则按犯规处理。

(2)规定采用跳投的方式投篮,不得采用其他方式,否则投篮无效。

(3)所有队员投篮后必须将球运回远处,放到圆圈内才能向自己的队列返回,否则即使最快返回,也不计分。

(4)将球归位后必须返回自己的起始位置,否则不计分。

(5)各组投篮队员不得相互干扰。

三、"正 10 胜利，负 10 失败"

(一)练习目的与设施要求

1. 练习目的

促进投篮技能水平的提升，培养良好的运动心理素质。

2. 设施要求

半个球场，若干篮球。

(二)练习方法

在半个篮球场地上将三个不同的投篮点设好，所有队员在第一个投篮点的位置站成一列纵队依次投篮，成功记 1 分，失败记 −1 分，所有队员都投篮后，到第二个投篮点继续轮流投篮，最后再到第三个投篮点依次投篮。每个投篮点计分方式一样，分数累积。先获得 10 分的队员可获得奖励，先获得 −10 分的队员要接受惩罚。

(三)规则提示

(1)所有队员都应该在规定的投篮点投篮，若擅自在其他位置投篮则按犯规处理。

(2)投篮方式不固定，可按自己擅长的方式投篮。

四、罚球对抗

(一)练习目的与设施要求

1. 练习目的

提高罚球的成功率，培养良好的运动心理素质。

2. 设施要求

篮球场，两个篮球。

（二）练习方法

将所有队员均分为两队（甲队和乙队），分别在两个半场面向篮筐成横队队形站好，两队各一球。游戏开始，甲队第一人在罚球线后罚球，若罚球成功则继续罚球，直至罚球失败后，由乙队第一人开始罚球，若甲队第一人第一次罚球就未成功，则由乙队第一人开始罚球。乙队第一人同样如果首次就罚球失败，则换甲队第二人开始罚球，若乙队第一人连续罚球成功，则可一直罚球，并尽量超过甲队第一人连续罚球成功的纪录，直至某次罚球失败，则由甲队第二人罚球。

两队按同样的方法练习，规定时间内上场罚球人数少的队（说明该队前面队员都连续罚球成功，且持续时间较长）的队获胜。

（三）规则提示

（1）甲方第一人连续成功罚球的个数为第一个纪录，若首次罚球就失败，那么乙方第一人连续成功发球的个数为。

（2）按篮球竞赛规则中有关罚球的规定约束双方。

五、上篮连中比快

（一）练习目的与设施要求

1. 练习目的

促进快速运球上篮的技术能力的提升。

2. 设施要求

篮球场，若干篮球。

（二）练习方法

将队员按两人一组的方式进行分组，每组各一篮球。游戏开始，各组先由一人上场往返于两个半场而快速运球上篮，规定可投篮 4 次，若四投四中，则成功完成一组，此时再由本组第二人上场按同样的方法练习。若第一人没有四投四中，则不能算完成一组。这时同样要换另一人上场。每组都要完成规定的组数，先完成的一组获胜。

（三）规则提示

（1）投篮方式固定，采取运球上篮外的其他投篮方式投篮则无效。

（2）违例者已投中的次数应清零，重新开始。

（3）可以规定游戏时间，规定时间内完成次数多的一组获胜，这样可以既训练上篮速度，又提高命中率。

第四节　身体素质类游戏训练

一、“吊车”接力

（一）练习目的与设施要求

1. 练习目的

锻炼上肢肌肉力量，提高移动速度。

2. 设施要求

篮球场，体操棍 4 根，绳子 4 条（1.2 米），砖 8 块。

（二）练习方法

将两块砖头捆在绳子一端，将一根体操棍固定在绳子另一端，形成一个“吊车”，用准备好的器材制作 4 个“吊车”，将它们间隔 3 米左右置于一侧端线后。将队员均分为 4 组，各组在另一端线后均站成一列纵队面向一个“吊车”。游戏开始，各组第一人听口令向正前方的“吊车”迅速跑进，双手将体操棍两头握住，手臂伸直用力将体操棍拧转直至将绳子卷起，使砖块逐渐靠近体操棍直至触碰到，然后松开绳子置于原位，快速返回本组与第二人击掌后排到队尾，各组第二人按相同的方法练习，直至四组所有队员都完成接力。最先完成的一组获胜。

（三）规则提示

（1）各组排头听到教练员发出的指令后才能起跑，否则按犯规处理，重新开始。

（2）各组后面的队员与返回的队友击掌后才能起动，若不击掌直接起动则按犯规处理，前面的队员也需要重新再完成一次。

（3）所有队员必须充分伸展手臂对体操棍进行拧转，体操棍与砖头触碰后才可将绳子松开放回原位，否则按犯规处理，重新开始。

二、跳起托球碰板比赛

（一）练习目的与设施要求

1. 练习目的

提高弹跳力和控制重心的能力。

2. 设施要求

篮球场，两个篮球。

（二）练习方法

将队员均分为两组，各组在篮板两侧分别站成一列纵队，两队第一人分别拿一球。游戏开始，各组第一人向篮板掷球，然后跳起托球触碰篮板，连续掷球、跳起托球碰板，若球落地或出现其他失误，则换第二人继续练习。规定游戏时间内连续成功完成任务次数多的一组获胜。

（三）规则提示

队员必须跳起在空中托球触碰篮板，若犯规，则之前累计的次数清零，重新开始计算。

三、脚抛手接球

(一)练习目的与设施要求

1. 练习目的

锻炼躯干力量、下肢力量,改善身体的协调能力。

2. 设施要求

篮球场,3 个小实心球。

(二)练习方法

将三个实心球分别放在球场三个圆圈内,将所有队员均分为 3 组,各组分别在球场三个圆圈外面向圆圈而站成一排。游戏开始,各组第一名队员进入圆圈,双脚将实心球夹住并用力抛向后上方,同时身体快速向后转将实心球接在手中,若成功接球,则继续夹球、后抛、用手接,直至失败后,跑回起始位置,由本组第二人继续进入圈内参与游戏(若第一次就失败,同样换第二人继续游戏)。直至三组队员都上场参与了游戏,最后累计成功次数最多的一组获胜。

(三)规则提示

(1)抛球方式固定,不得用规定之外的方式抛球,否则不计入成功总数。

(2)可以调整游戏规则,拓展游戏方式,方法如下:

第一,一人进入圈内向后抛球,身后的队员逐个接球;

第二,一人进入圈内接球,其余队员在圈外抛球,圈外队员和圈内队员间隔 3 米;

第三,队员进入圈内双脚将球夹住向前上方抛起。迅速用双手或单手接球等。

四、闯"三关"

(一)练习目的与设施要求

1. 练习目的

提高判断力和身体的灵敏性。

2. 设施要求

篮球场,3 根跳绳(长约 3 米)。

(二)练习方法

两人一根绳,共安排 6 名队员摇绳,球场中线、两条罚球线出各站一组摇绳者,他们相当于三个关卡。其他队员面向跳绳站成一列纵队。游戏开始,三组摇绳者同时摇绳,方向一致,其他队员按顺序依次穿过绳子,连续穿过三条绳子则"闯关"成功,然后在最初起始位置的对面重新站成一列纵队,同样与跳绳面对面。听口令再次"闯关"。如果某队员穿过绳子的过程中被绳子缠住、碰到或当绳子摇到低处时从上面跳过,那么都算"闯关"失败,需与一名摇绳队员互换位置。

(三)规则提示

(1)队员伺机从绳子下穿过时,可稍停顿观察,但最多在摇绳两次后必须"闯关",如果超过时间则按犯规处理。

(2)摇绳者要有节奏地摇绳,不能随意改变速度和方向,否则没有机会与"闯关者"互换角色。

(3)摇绳者替换"闯关"失败者成为"闯关者"后,首次出现失误可不被替换,第二次出现失误后就要被替换。

五、连跑带跳

(一)练习目的与设施要求

1. 练习目的

增强腿部肌肉力量,提高弹跳力,加快移动速度。

2. 设施要求

篮球场,4 个吊球。

(二)练习方法

将 4 个吊球分别挂在两个篮板的两侧下方,吊球与地面的距离为 2 米左右。将队员均分为两队,各队又按两人一组的方式进行分组(以甲、乙两人一组为例)。游戏开始,两队第一组队员甲将同组队友乙背起,向前场方向快速跑进,踩到端线后立即向同侧篮下跑进,放下乙,甲、乙分起跳触摸吊球,轮流进行,每人有三次机会,各自触摸吊球三次后乙将队友甲背起向另一侧篮下跑进,同样轮流跳起触碰篮下的吊球,各有三次机会,完成后该组队员回到原位与本队第二组队员击掌,第二组队员上场按同样的方法练习。直到两队所有组都上场参与了游戏则游戏结束,先完成的一队获胜。

(三)规则提示

(1)不管是甲背乙,还是乙背甲,背上的人,其脚必须是离地悬空的。

(2)各组队员轮流跳起摸吊球,机会均等,不能替同伴摸。

(3)先完成的一组返回后必须与第二组队员击掌,第二组队员才能上场参与游戏。

第五节　综合能力类游戏训练

一、抢篮板球比赛

(一)练习目的与设施要求

1. 练习目的

熟练运用各种抢篮板球技术,提高专项技能水平。

2. 设施要求

篮球场,1个篮球。

(二)练习方法

6人一组,在球场的罚球线处由教练员在此投篮板球,各组安排两人在中线接应,其余四人在限制区两侧抢篮板球。游戏开始,教练员投出篮板球,限制区两侧的队员迅速抢球,成功后向中线接应队员传球,传球一次便成功则记2分,一次不成功则再传一次,两次成功则记1分,传球时若被其他组的队员抢断球,则扣1分。

(三)规则提示

(1)按篮球竞赛规则的相关规定严格规范抢篮板球的动作,不可出现走步等违例现象。

(2)成功抢到篮板球后,向接应的队友传球前运球的次数不得超过1次,也就是说,运球一次后必须传球。

(3)其他组的队员可在场上持球队员传出的球未出中线时实施抢断球计划,其他时候不允许抢断球。

二、夹击接应队员

（一）练习目的与设施要求

1. 练习目的

提高防守能力。

2. 设施要求

篮球场，1 个篮球。

（二）练习方法

将所有队员均分为两队，每队每次派两名或两名以上队员参加游戏，其中防守方主要防守任务是对接应队员进行夹击，争取 5 秒内不让掷界外球进场，若球进场，10 秒内阻止对方给中圈位置的教练员传球，或阻止运球突破过中线。全部动作完成为成功一次，否则算失败一次，规定时间内成功次数多的队获胜。

（三）规则提示

严格按要求练习。

三、运球上篮与跟进补篮

（一）练习目的与设施要求

1. 练习目的

提高行进间运球投篮的速度和投篮命中率，培养积极抢篮板球的意识与二次进攻的能力。

2. 设施要求

篮球场，若干篮球。

（二）练习方法

将所有队员均分为两队，每队按两人一组的方式再次分组，两队分别在球场两侧端线外以纵队排列站立，每轮各派一组上场参与游戏。游戏开始，第一组的第一名队员听口令向对面球篮快速运球投篮，该组第二位队员随之跟进，无论第一名是否投中，第二位队员都要在篮下接球并原地起跳完成反手投篮，无论是否投进，都要快速接球向对面球篮快速运球进行行进间投篮，此时第一名学生同样跟进在篮下接球并完成原地跳起反手投篮，每组两名队员都要完成一次行进间投篮和反手投篮，如此算一个回合。其他组的队员轮流上场按同样的方法练习，直至两队所有队员都完成，投中次数多的一队获胜。

（三）规则提示

所有队员在同一个篮下只有一次投篮机会，投篮失败不得补投。

四、"点名"发动快攻

（一）练习目的与设施要求

1. 练习目的

提高快攻意识和水平。

2. 设施要求

篮球场，1 个篮球。

（二）练习方法

按 5 人一组的方式进行分组，各组轮流上场参与游戏，将篮球放在罚球线圆圈内。游戏开始，第一组上场绕罚球线圆圈慢跑，教练员突然点其中一人的名字，被点名的队员立即进圆圈拿球，然后该组所有人按教练员之前设计好的路线发动快攻，其中3名队员推进，其余两名队员在身后跟进，持球队员投篮，若投不中，其他队员补篮，直至投中为止。然后第二组按同样的方法练习。投篮用时最短的一组获胜。

（三）规则提示

（1）快攻的形式为3人推进，2人跟进。
（2）只有被点名者才可拿球，其余队员不可拿球。
（3）按篮球规则中的相关规定来规范游戏者的行为。

五、拉锯战

（一）练习目的与设施要求

1. 练习目的

提高快攻与防快攻的实践能力。

2. 设施要求

篮球场、若干篮球。

（二）练习方法

将队员均分为两队，组织每队3～5人的对抗赛，两队上场参赛人数相同，但两队的目标球篮不固定。例如，刚开始规定红队和黄队分别投A篮和B篮，红队获球投A篮，如果没有投中，红队抢篮板球，若成功抢到则依然投A篮；如果篮板球球黄队抢得，那么黄队投B篮。如果红队投A篮成功，红队和黄队都要抢球，不管哪个队抢到都要转向B篮去投篮，没有抢到球的队全力防守。

（三）规则提示

（1）所有队员都要像正式比赛一样积极攻守。
（2）对抗时间20分钟，投中次数多的队获胜。

参考文献

[1]胡磊,张超.篮球运动技战术与体能营养研究[M].成都:西南交通大学出版社,2018.

[2]孙民治.篮球运动高级教程[M].北京:人民体育出版社,2000.

[3]张亚辉,王成军,杨君伟.实用篮球教学理论与方法[M].西安:西安地图出版社,2007.

[4]田玉军,宫华,姜亚秀.实用篮球技战术解析[M].北京:中国商务出版社,2008.

[5]王培菊,李剑.篮球技战术教学与训练[M].北京:北京体育大学出版社,2018.

[6]李万阳.现代篮球进攻战术演进及发展趋势[J].广州体育学院学报,2009,29(06):63-66.

[7]马骏,朱怀远.现代篮球防守技术的发展与趋势——以美国队为例[J].湖北体育科技,2016,35(08):721-724.

[8]张俊青.篮球运动防守战术发展的历史回顾[J].体育成人教育学刊,2003(01):53-54.

[9]邱新毅.篮球运动综合多变防守战术的分析与探讨[J].职业,2009(23):130.

[10]胡本安,董如豹.浅析篮球技术的发展趋势——以进攻技术为例[J].安徽体育科技,2009,30(01):27-30.

[11]王新华,张钧庆,张锡庆.中国篮球运动的理论思维与突破[J].沈阳体育学院学报,2000(04):16-17.

[12]刘成,陈勇,徐斌.现代篮球运动防守战术发展趋势及我国现状和相应对策[J].哈尔滨体育学院学报,2002(03):58-60.

[13]于嘉琪.现代篮球战术创新理论的新探讨[J].经营管理者,2010(06).

[14]吴双文.篮球规则的演变对篮球技战术发展的影响[J].武汉体

育学院学报,2011,45(01):72-75.

[15]于平,王厚民.篮球运动[M].合肥:合肥工业大学出版社,2014.

[16]许博,包金萍.现代篮球战术案例解读[M].北京:北京体育大学出版社,2009.

[17]索冲冲.中国男子篮球职业联赛决胜期胜队进攻战术的运用研究[D].成都体育学院,2018.

[18]于振峰.现代篮球战术学练设计[M].北京:高等教育出版社,2013.

[19]李颖川,于振峰,高松山.篮球游戏理论与方法:篮球运动经典游戏[M].北京:北京体育大学出版社,2007.

[20]于振峰,赵宗跃,孟刚.体育游戏 第3版[M].北京:高等教育出版社,2016.

[21]刘云民,王恒.篮球教学与训练[M].哈尔滨:哈尔滨工程大学出版社,2015.

[22]张宏杰,陈钧.篮球运动成功训练基础[M].北京:北京体育大学出版社,2004.

[23]吕成龙,张忠子.论篮球训练中体能训练的重要性[J].黑龙江科技信息,2017(11):102.

[24]何玉敏,侯莉莉,刘军.篮球运动项目特点及营养补充策略研究进展[J].西安文理学院学报(自然科学版),2021,24(01):96-102.

[25]张震.高校篮球训练中运动损伤原因及预防措施分析[J].拳击与格斗,2021(05):108-109.

[26]方国良.中职篮球训练中运动损伤的原因及预防策略[J].天天爱科学(教育前沿),2021(04):93-94.

[27]张俭.篮球运动损伤风险管控措施初探[J].体育风尚,2021(04):31-32.

[28]陈宏,任明,李永亮,郭健,王晶,毕炜,李天辰,马妍.全运会篮球场馆医务室的建设与医疗保障实践[J].中国校医,2018,32(06):461-464.

[29]陈树华,许永刚.篮球运动训练理论与方法[M].广州:广东高等教育出版社,2000.

[30]杨卓.现代运动训练内容分析与创新方法研究[M].北京:中国商务出版社,2017.

[31]陈杰.篮球运动教学理论创新与实战技巧研究[M].北京:中国原子能出版社,2018.

[32]周龙,吕俊莉.高校篮球综合训练理论与实践[M].北京:当代中国出版社,2011.

[33]张凡.2018—2019 赛季 CBA 总决赛冠亚军技术运用的对比分析[D].华中师范大学,2020.